COME DIVENTARE
ITALIANO
in 30 lezioni

Quando da dietro una Vespa suona ripetutamente il claxon, solo perché ti sei permesso di fermarti a un semaforo rosso, ti trovi senza dubbio in Italia.

Markus Ebert, anni fa, sposandosi è entrato in una famiglia italiana. Oggi vive a Torino e conosce di prima mano le caratteristiche degli abitanti dello Stivale. La sua promessa in questo libro: in 30 lezioni ognuno può diventare un italiano verace e capire finalmente gli italiani.

Perché disprezzano ancora chiunque porti i calzini nei sandali? Com'è possibile che facciano della pausa pranzo un pomeriggio in spiaggia? Come mai l'olio d'oliva migliore al mondo viene sempre giusto dal paese d'origine?

Si offre una visione ricca di avvenimenti e ammiccante sul trambusto della cultura italiana.

Markus Ebert

COME DIVENTARE ITALIANO
in 30 lezioni

Dall'Amore allo Zabaione

Traduzione di Carlotta D'Addario

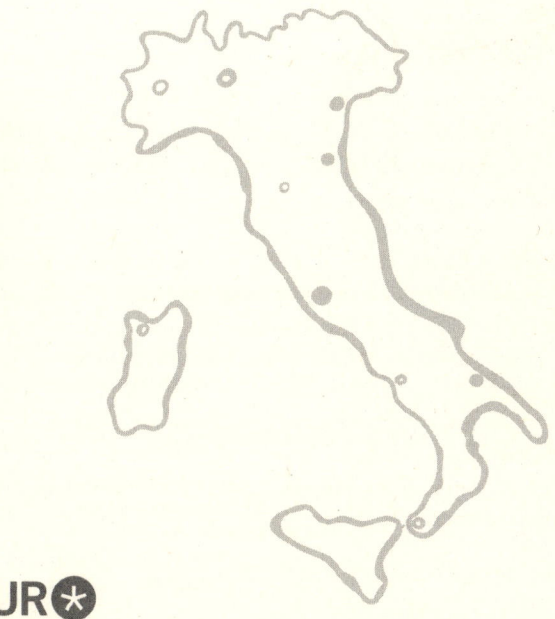

KNAUR✦

Visitateci su internet:
www.knaur.de

Edizione originale: marzo 2016
Libri tascabili Knaur
© 2016 Knaur Editore
Stampato dal gruppo editoriale Droemer Knaur
GmbH & Co. KG, Monaco
Redazione: Nadine Lipp
Copertina: ZERO Werbeagentur, München
Immagine di copertina: FinePic®, München
Impaginazione: Sandra Hacke
Stampa e rilegatura: CPI books GmbH, München
ISBN 978-3-426-78773-1

5   4   3   2   1

INDICE

PROLOGO

È inizio giugno
e l'estate è arriva-
ta. Nell'aria c'è un dolce profumo di
gelsomino, gli uccellini cinguettano e dal
mare soffia una brezza lieve e gradevole.
Ogni tanto sento un misto di aromi
che mi sfiora il naso: timo, origano e
rosmarino fresco. Viva il Mediterraneo!
Ho appena finito di bere un po'
di latte macchiato e di far fuori
qualche biscotto, mentre dal dondolo
osservo per minuti le foglie delle palme che
danzano leggere al vento.
Che silenzio … Nessuna macchina, nessuna voce alta, nessun
rumore elettronico. Solo da molto lontano si può percepire il
silenzioso e inevitabile frangersi delle onde sul bagnasciuga e
sugli scogli.
Sì, qui in giardino gli orologi funzionano diversamente. Vanno all'italiana? Beh, allora vanno più lenti in un modo tutto
loro.

Cari amici appassionati dell'Italia o cari neofiti, immergetevi
con me nel «*dolce far niente*», lasciate la frenesia e lo *stress* della quotidianità alle spalle, diventate più calmi e pacati.
Alla fine di questo viaggio in 30 lezioni, sarete sicuramente più
abbronzati, avrete tanti nuovi amici, tanti vestiti di buon gusto,

saprete superare le situazioni più difficili sempre in modo cortese e capirete che un graffio alla macchina non è la fine del mondo.

Venite con me perché in Italia, senza dubbio, non ci sono problemi! *In Italien gibt es keine Probleme!*

in Italia, senza dubbio, non ci sono problemi

1. NEL GIARDINO DI MIA SUOCERA.
Filosofeggiare come primo passo

«Ma dove si è cacciato Athos di nuovo?».
No, non mi riferisco al moschettiere
francese, parlo del mio cagnolino. È un
tipo figo, sportivo e dinamico, però purtroppo molto spesso fa di testa sua, come an-
che questa volta! Non soltanto sta ispezionando per benino il
giardino di mia suocera, come se non bastasse, sta rivoluzio-
nando un'aiuola, o meglio, la sta arando.
Dovrei intervenire? No! Per fare questo dovrei alzarmi. Di
conseguenza potrei sentire caldo, quindi suderei e mi stanche-
rei. A questo punto, preferisco rimanere seduto e osservare un
altro po'. Al massimo, dirò semplicemente che non mi sono
accorto di nulla.

Welch ein Frieden! Che Pace! Metto gode-
recciamente i piedi in alto e penso che potrei
restare qui tutto il giorno senza annoiarmi o
farmi prendere dal panico per qualche lavoro rimandato o altri obblighi importanti.
Non proverei nemmeno la sensazione di
perdermi qualcosa.
Certo, ora mio padre mi potrebbe rinfacciare di essere diventato un tipo pigro e mi chiederebbe che fine abbiano fatto le mie
virtù tedesche: «Questa gente del Sud ha già contagiato anche
te!», constaterebbe con delusione.
Cari lettori e care lettrici, vi posso assicurare che nei miei panni
anche voi non potreste fare diversamente, immersi in quest'aria
e in quest'atmosfera.
Mio padre non ha comunque tutti i torti: mi sento davvero italiano e sto magnificamente. Per questo, vorrei portarvi con me

non solo nel paese dove maturano i limoni, ma anche nel profondo della mentalità italiana.

Staccatevi dalla tipica linearità tedesca, dallo sguardo inquadrato e dall'obiettività eccessivamente logica e guardate la vita con gli occhi di un piccolo filosofo. Non preoccupatevi, non vi chiedo di diventare *Giacomo Leopardi* o *Alessandro Manzoni*. Com'è noto, non si cava sangue da una rapa!

Sicuramente, però, non sarebbe male creare dello spazio per qualche pensiero nuovo e alternativo. Credetemi, fa davvero miracoli azzerare, resettare e riformattare il cervello.

Dimenticate il capo che vi inonda di compiti senza importanza. Per un attimo, non pensate a preoccupazioni, paure e miserie. Fate, invece, come il mio cane Athos: lui adesso non pensa a quello che gli succederà quando tornerà mia suocera.

Lontano dagli assilli degli appuntamenti e del tempo, lasciate fluttuare l'anima e cancellate dalla mente la gente stressata e infelice di tutti i giorni o la fretta della grande città.

Ce la fate? Sì?

Bene! Allora si può cominciare. Il primo passo per diventare italiani è fatto.

2. CAFFÈ E *BROCHE.*
Fare colazione e leggere
il giornale all'italiana

È lunedì mattina e il lavoro – *die Arbeit* – chiama. Com'è consuetudine per un tedesco, salto sulla bicicletta e mi dirigo dritto verso l'ufficio. Non ho ancora fatto colazione perché i tempi erano come al solito stretti. Questo però non sarà un problema, cari lettori, e fra poco capirete perché.

Imboccando la via dove mi guadagno il pane, passo davanti a tanti bar. Da sempre mi chiedo, meravigliato, come mai questi bar siano così pieni la mattina. Prima di poter approfondire questo pensiero, sento qualcuno che grida il mio nome.

Mi fermo, mi guardo attorno e poco dopo riconosco il mio caro collega Francesco che mi fa cenno di raggiungerlo all'entrata del bar che ho appena superato.

Ovviamente, a questo punto, non posso semplicemente continuare la mia strada o rifiutare «l'invito»: sarebbe un disastro sociale, il massimo incidente diplomatico ipotizzabile.

Lego quindi velocemente la bici al primo lampione – la sicurezza prima di tutto – ed entro nel bar in cui, nel frattempo, Francesco è sparito. Con mia grande sorpresa, ci sono anche altre due mie compagne di lavoro, Lucia e Simona. Intorno a loro si trovano tanti altri piccoli gruppetti di persone. Sembra che tutti quanti siano assorti in conversazioni animate. Insomma, una bella chiacchierata mattutina. Carino!

Prima che possa orientarmi bene, Francesco mi porge un *cornetto* al cioccolato (in alternativa ci sarebbe anche alla marmellata o alla crema). Beninteso, paga lui!

Voglio altro? Un cappuccino, un latte macchiato, un espresso? Tutto, ma non un caffè americano!

Dietro al bancone, il barista si sta agitando come un pazzo dinanzi a una grande macchina del caffè e quasi quasi si lamenta di tutto questo *stress* di prima mattina.

Intanto, io ce l'ho fatta! Partecipo a una tipica colazione italiana. Parlo concitatamente con i miei colleghi. Conversiamo del fine settimana appena trascorso e troppo breve, discorriamo di quello che abbiamo fatto o di quello che ci sta innervosendo particolarmente questo lunedì.

Francesco, per esempio, è completamente fuori di sé perché la fidanzata l'ha cacciato via da casa di notte. Lucia racconta con orgoglio come ha spiattellato in faccia al padrone di casa che, per «motivi tecnici», non pagherà l'affitto di questo mese. Simona descrive come ha sistemato delle nuove piante sul balcone.

Naturalmente, discutiamo anche dei disastri che sta combinando il governo e dell'incapacità dei politici in generale. Così, presto mi rendo conto che leggere il giornale è inutile. Se ci sono dubbi, loro sanno tutto e hanno una spiegazione individuale e plausibile per ogni cosa. È impossibile che la stampa – *die Presse* – possa informare meglio.

«Qualcuno conosce per caso i risultati calcistici del fine settimana?», chiedo alla truppa. Silenzio e musi lunghi … Evidentemente esigo troppi sforzi matematici all'alba. Bisogna velocemente cambiare argomento. Per salvare elegantemente la situazione, Francesco tocca il tipo che gli sta accanto, vestito di tutto punto, per chiedergli che cosa pensa dell'approvazione della nuova tassa sui rifiuti.

Dovete capire una cosa: fare colazione all'italiana non significa assunzione di cibo *tout court*. Si tratta, piuttosto, della celebrazione di un momento sociale, di un rituale dell' «assembramento collettivo», di un modo per farsi vedere.

Potersi pure sorseggiare un cappuccino non solo rende l'atmosfera più armoniosa e conviviale, ma sviluppa anche una tradizione che ha le potenzialità per creare dipendenza. Detto francamente: una fetta di pane secco con margarina a ridotto contenuto di grassi e la brutta copia di un cappuccino con polvere di latte, non possono competere con una *brioche* al cioccolato appena sfornata e un caldo latte macchiato.

Peraltro, non mi devo preoccupare se oggi arrivo un po' in ritardo in ufficio: con me ci sono anche Lucia, Simona e Francesco. Inoltre, il mio boss molto probabilmente sarà ancora nel bar accanto.

Un suggerimento: lasciate il tagliere di legno e la tazzona del caffè nell'armadio e immergetevi nella colazione all'italiana. In una cosa gli italiani hanno ragione: in gruppo si gusta tutto sempre meglio.

Seguite soltanto questi punti:

1. offrite anche voi ogni tanto;
2. non parlate del vostro capo;
3. non mettete mai in discussione la qualità del caffè.

E con questo, buona colazione!

buona colazione!

3. BELLA L'ITALIA, È VERO!
Ma dobbiamo subito esagerare?

«Bello ... molto bello ... bellissimo ...!».

Passeggiamo davanti a un'altra entrata di una di queste innumerevoli case di roccia.

«Guarda questa, Markus!», esclama Teresa per l'ennesima volta. «Bellissima, no?».

Dico tra me e me ... Sì Teresa! Pure questa grotta è molto bella e incredibilmente pazzesca ... e, un po' stanchino, faccio cenno di sì con il capo. Ma ora non ne abbiamo già viste quasi cento?

Cammino ormai da due ore con un caldo cocente qui a Matera, una piccola città in Basilicata, e sto visitando delle abitazioni tipiche: *i sassi*. Impressionante, non c'è dubbio! In effetti, ho perfino la sensazione che Gesù sia vivo. Deve abitare qui da qualche parte ...

Improvvisamente, dall'ultima porta oltrepassata, esce una donna bassa, anziana e un po' acciaccata. Senza né esitare né dire una parola, si avvicina e mi piazza in mano un vecchissimo forcone. Esaminando questo attrezzo, mi passa per la mente che è sicuramente molto interessante e straordinario come una volta i contadini abbiano lavorato e coltivato i campi in questa zona. Ma anche questo forcone dovrebbe essere bello adesso? O mi vuole forse far capire che dovrei, cortesemente, svolgere il mio servizio civile vangando il giardino dietro casa sua?

Noto lo sguardo severo e in attesa di Teresa. È come se volesse dirmi: «Dillo, porca miseria, dillo!». Mi pesa molto continuare a farlo, però mi sforzo ancora una volta sapendo benissimo che cosa vogliono sentirsi dire in questo momento, «tassativamente», sia Teresa sia la signora anziana: «Molto bello, Signora! Molto bello, davvero!».

La donna, che manco a farlo apposta si chiama pure Maria, mi sorride allegramente, toglie rapidamente il forcone dalle mie mani e sparisce serena e contenta nella grotta.

Continuiamo per la nostra strada. A proposito, mia moglie e due nostri amici hanno già deciso da circa un'ora di «deporre le armi» e si sono messi comodi su un muretto di pietra a circa 500 metri di distanza. Non posso ovviamente confessare a Teresa che anch'io non ho più la minima voglia di continuare. Questo non solo ferirebbe il suo orgoglio, mi farebbe anche senz'altro apparire come un ignorante senza cultura.

Lei comunque continua a fissarmi ancora un po' seriamente guardandomi di traverso. Che cos'altro vuole? Finora ho recitato il mio ruolo al meglio possibile. O davvero si aspettava che

Bella Italia!!!

io dicessi *bellissimo* vedendo un arnese arrugginito? Non esageriamo …

Per la mia amica, senza incertezze e con tutta la convinzione, le bellezze paesaggistiche, culturali e architettoniche della sua terra sono uniche, ineguagliabili al mondo. L'Italia è bella, questo è un dato di fatto! E questo vale, in linea di massima, anche per un utensile vecchio e fuori uso.

Senza alcuna invidia, devo indubbiamente ammettere che gli italiani possono essere giustamente orgogliosi delle ricchezze del loro «Bel Paese». Dove si può trovare, per esempio, una seconda Venezia? Dove si può, come a Napoli, scorgere un

Vesuvio o dov'è possibile, come a Taormina, ammirare un Etna stando seduti in un antico teatro all'aperto? In quale altro posto si colorano di rosa le rocce al tramonto come nelle Dolomiti?

Resta da capire se sia in assoluto il paese più bello, perché già i cugini francesi, con la loro *Grande Nation*, saranno di un'altra opinione.

Oltretutto, devo constatare che gli italiani trattano a volte i loro «tesori» in modo sciatto, non curato e negligente.

A Pompei cade un muro dopo l'altro; nella Terra dei Fuochi, fra Napoli e Caserta, ardono montagne di rifiuti tossici; nel mare contaminato chimicamente davanti a Crotone, o in quello vicino all'acciaieria di Taranto, è decisamente meglio rinunciare a fare il bagno.

Anche tutto questo però non posso dirlo nemmeno per sogno a Teresa, altrimenti mi abbandona in mezzo a questo labirinto o addirittura mi chiude in una di queste grotte. E parlando sinceramente, neanche questo sarebbe il peggiore dei casi, perché almeno lì dentro c'è un fresco gradevole.

4. RUBATO LA MACCHINA?
Fare rete all'italiana

Gentili lettori, canticchiando «*Felicità*», uscite contenti e soddisfat-
ti dal ristorante. Alla fine, non è stato mica così caro ... solo i
cinque euro di coperto erano folli! Arrivate nel parcheggio e
pochi secondi dopo scoprite che: vi hanno rubato l'auto!

Santo cielo! Il bene più prezioso di un tedesco nelle mani
degli italiani, questi barbari del traffico che interpretano la pre-
cedenza non come una regola ma come un braccio di ferro, e
che molto volentieri ignorano il sensore di avvicinamento. E
soprattutto, la «bambina» ha appena passato la revisione, il
TÜV!

Che cosa fare? Correre come un lampo dalla polizia, dai cara-
binieri? Allarmare l'Interpol? Chiamare l'assicurazione? Cercare dei testimoni? Si deve fare la denuncia, no?

Rimanete calmi, perché un italiano rimane calmo – almeno
all'inizio. In un momento del genere, può contare sui vantaggi
di una *network society* all'italiana. Prende coraggiosamente il
telefono e chiama un buon amico, che gli assicura di chiamare
un suo buon amico, che di sicuro può chiamare un altro buon
amico, che di nuovo afferma di conoscere un
buon amico che, forse, può recuperare infor-
mazioni sull'ubicazione del veicolo chiedendo
a un buon amico.

La rete funziona. L'italiano derubato lascia
quindi con tutta serenità tempo al tempo, si fida
dell'efficienza delle sue relazioni, si concede una
sigaretta e un caffè (e dopo ancora un altro caffè ...), o innanzitutto va a dormire. Domani è un altro giorno.

Così facendo, non si può contare su competenze e dati statistici, ma non è raro raccogliere prima o poi i frutti di questo *networking* e trovare sul serio qualcuno che ha casualmente visto la macchina grazie alla sua attentissima vigilanza. Va da sé che questa indicazione deve essere trattata con la massima riservatezza e che questa «discrezione» e questa «cooperazione» hanno naturalmente un loro prezzo. Ci vuole una ricompensa per il grande «scopritore», stabilita di solito in base al valore dell'oggetto «miracolosamente» ritrovato.

«Perfetto!», pensa a questo punto l'italiano defraudato, perché in cambio di un «pagamento anticipato» viene a sapere dove si trova la sua vettura: in un parcheggio di periferia, in una via desolata o in un cortile buio dietro l'angolo. Alla fine, l'affare si conclude e il passaggio dell'informazione si compie con una stretta di mano, un cortese *sms* o un simpatico «arrivederci» – i buoni «clienti» si devono «tenere caldi».

Sembra obiettivamente sensato usufruire dei servizi di un'organizzazione di questo tipo, invece di aspettare ore in un ufficio della polizia locale, fare la denuncia e tornare a casa a mani vuote, con un foglio di carta. D'altronde, questo si può fare anche in un secondo momento, se il primo metodo non ottiene il risultato sperato.

Quindi, rientrate nel ristorante e prendete da parte il cameriere. Forse lui ha già un buon amico…

5. FARE BELLA FIGURA

Il film di Paolo Sorrentino «*La Grande Bellezza*» del 2013, vincitore di un Premio Oscar, racconta la storia del giornalista *Jep* che rinuncia alla vita mondana dell'alta borghesia romana dopo aver riconosciuto la superficialità del «bello», dell'apparire e della sovrabbondanza di una società eccessiva, alla quale lui stesso fino a quel momento apparteneva.

L'eleganza nel vestire, il paesaggio variegato, l'architettura dei centri storici e gli eccezionali artisti … è chiaro: la bellezza e l'estetica sono elementi fondamentali della cultura italiana.

Quando un italiano parla di «fare bella figura», però, si riferisce a due cose diverse: avere un bell'aspetto e fare un figurone. Bellezza e comportamento si abbinano in modo naturale. Ci si dovrebbe presentare sempre adeguatamente soprattutto in pubblico: un vestito *chic* di *Armani*, un paio di *Ray Ban* alla moda, un *Rolex* al polso, appena rasati e messi in tiro. L'acconciarsi riflette un atteggiamento fondamentale: tutto è bellissimo, non ci sono problemi, va tutto bene. E, intanto, non importa se il giorno prima si è dichiarato il fallimento della seconda azienda, se la moglie tradisce il marito o se la Guardia di Finanza ha smascherato la propria evasione fiscale. Conta solo il momento, l'attimo, lo *show*.

Se invece un problema diventa palese, non se ne parla o viene abilmente *bypassato*.

Servono degli esempi? Eccoli!

Quando un abitante del «Bel Paese» viene invitato a un matrimonio, non si sente né onorato né contento, si pone due domande principali:

1. posso permettermi un nuovo abito?
2. ho i soldi per fare un regalo di tutto rispetto che sia all'altezza del mio *status* sociale?

Nel caso in cui la risposta a una di queste domande sia disgraziatamente un «No», comunicherà, fingendo un'immane sofferenza, un terribile tormento e un'incredibile desolazione, che purtroppo non può partecipare alla festa perché è malato, ha un altro appuntamento o è impossibilitato per lavoro.

Se invece un italiano viene licenziato, prova a nascondere il fatto in pubblico, a parenti e amici, cerca di minimizzare il problema o tenta *in extremis* di respingere ogni sua responsabilità.

La colpa è sempre e comunque degli altri, e se non si trova un capro espiatorio nei dintorni, è al massimo dei politici che corrompono e rovinano tutta la nazione.

Ma chi se ne frega! Innanzitutto beviamoci un prosecco ghiacciato *Made in Italy* e autocelebriamoci!

Cari lettori, ricordate: dei problemi si deve elegantemente tacere. Alla domanda *Come stai?* segue sempre un *Tutto benissimo!*; dopo un *Che c'è?* viene un *Niente!* corto e secco; in risposta al quesito *Come vanno le cose?* arriva un *Alla grande!* determinato e orgoglioso. Tutto questo anche se sul retro la casa va in fiamme, uno viene portato via in manette o cinque minuti prima la moglie ha lanciato un vaso al marito.

Nel caso in cui non sappiate veramente più che cosa fare, sorridete. Va tutto benissimo! L'importante è che la pettinatura / il vestito / la camicia stia bene!

6. LAVORARE IN ITALIA.
Sulla logica dell'imprevisto

Oggi sono veramente stressato. Un nuovo potenziale cliente importante di Salerno ha annunciato il suo arrivo al mio capo e lui mi ha condannato a preparare un'accattivante presentazione aziendale. Ho fatto degli straordinari per mettere quanto più possibile dati e fatti insieme, strutturandoli in modo accuratissimo e precisissimo in una presentazione *Power Point* comprensibile e illuminante. Del tedesco solido come una roccia ci si può fidare!

Tirato perfettamente a lucido e vestito elegantemente, come si richiede per «fare bella figura», alle 14.00 sono seduto in sala riunioni, accanto al mio superiore e alla sua segretaria, con questo possibile acquirente e il suo *entourage* di fronte. Mi aspetto da un secondo all'altro che il presidente mi dia la parola:

«Mostri per favore che cosa ha preparato per i nostri ospiti.»

Sono prontissimo e motivatissimo. Ho anche imparato a memoria i termini tecnici in italiano.

Ho fatto bene a farlo, ma comunque non parlerò. In realtà, devo notare che in questa circostanza i miei dati non hanno alcuna importanza.

Sicuramente il *meeting* e la comunicazione diretta sono fondamentali per un uomo d'affari italiano. Ascoltate un po':

«Bene, Lei viene quindi dalla bellissima Salerno? Ogni anno ci passo con la mia famiglia e la mia modesta barca a vela quando, venendo da Capri, procediamo verso le Isole Eolie, dopo aver salutato i miei tanti *partner* a Napoli.»

«Ma davvero?!? Allora conosce senz'altro anche il ristorante ‹Don Luigi›. Due stelle *Michelin,* se non sbaglio. Lo *chef* è un mio caro amico. Mi prepara tutto *gratis.*»

«Per favore, chi non lo conosce! La prossima volta dovremmo

incontrarci direttamente lì con le nostre famiglie, sempre se posso permettermi di lasciare per qualche giorno la mia azienda, che va meravigliosamente.»

«Se Dio vuole, ce la faremo! Sarete ovviamente miei ospiti. Il mio autista vi prenderà al porto!».

Mi sento un po' come in mezzo a uomini d'affari arabi, che prima di tutto sondano se è meglio chiamare il loro interlocutore «padre», «fratello» o «figlio». Perché ho partecipato all'incontro, alla fine? Il mio *boss* avrà avuto certamente i suoi motivi.

Dopo la riunione, non ho il tempo di rilassarmi, mi aspetta un altro «compito». Domani inizierà il nuovo assistente della sezione *marketing*. Dovrà essere inserito, ma non sarà un problema: nelle ultime settimane ho gestito insieme alle risorse umane tanti colloqui molto dettagliati e di sicuro si è presentata gente capace. Chiunque verrà, sarà indubbiamente un arricchimento per l'azienda. È solo strano che io non sappia, finora, per quale candidato la presidenza si sia decisa.

Quando arrivo il giorno dopo in ufficio, c'è lui: Michele, il figlio della sorella del cognato del mio capo …

Sorpresa: il *boss* ha scelto diversamente.

Questo non l'abbiamo invitato per un colloquio, mi dico in un primo istante. Michele è un esperto di *marketing?* Assolutamente irrilevante, da questo momento lo è. Così, il lavoro di inserimento mi piacerà il doppio.

Non vale la pena che mi agiti o che analizzi criticamente la decisione dal punto di vista di un favorevole impatto aziendale. Mi attende già un nuovo *meeting*.

Il dirigente entra in sala riunioni un po' esagitato, questa volta per delle buone ragioni. Un lavoro fondamentale è in ritardo e il cliente dalla Germania sta facendo pressioni. Ora contano solo puntualità ed efficienza.

Senza dubbio, il mio datore di lavoro è un grande motivatore. Beh, è italiano e gli italiani sanno parlare fantasticamente per natura. Fa subito capire a me e a tutta la squadra riunita che ci si gioca tutto. Assisto a una *performance* davvero teatrale, una vera auto-rivelazione. I gesti, la mimica e la lingua interagiscono e si amalgamano in una simbiosi perfetta. Ho finalmente capito che cosa intende *Erving Goffman* quando parla della vita quotidiana come rappresentazione. Non c'è storia, il mio capo è un grande sbruffone e perciò un vero padrone.

«Ragazzi, dobbiamo assolutamente ammazzarci di lavoro!», fioccano parole dalla sua bocca. «Ognuno deve dare il massimo. Esigo impegno infaticabile e piena abnegazione! Possiamo fare pausa più tardi, forza! E adesso andiamo a prenderci un caffè!». Ben detto!

Ecco, lavorare in Italia è adrenalinico. Non si sa mai che cosa può accadere, nel bene e nel male: *im Guten wie im Schlechten!*

7. IL SUD ABITATO DA DIAVOLI E IL NORD DEGLI ARROGANTI.
Confrontarsi con gli stereotipi

Cari lettori, vi è già capitato nella vita di bere una birretta con un tedesco frisone e un bavarese dell'Alta Baviera? Avete notato per caso delle differenze, a parte il fatto che uno vi saluta con «*Moin*» e l'altro con «*Servus*» o «*Grüß Gott*» e che certamente uno ordina una fresca *Becks* e l'altro una pastosa *Weizen*? Il tedesco frisone è stato forse piuttosto freddo, ostinato, chiuso e brusco, mentre il bavarese vi è sembrato caldo, aperto ma anche prepotente e arrogante?

I pregiudizi e gli stereotipi fanno parte di ogni cultura e solo un «patto col diavolo» potrebbe far sì che non fosse così anche in Italia.

E vediamo un po', il diavolo c'è! Anzi, ce ne sono tanti ... almeno secondo gli italiani del Nord! Estremizziamo un po' il concetto.

Secondo i settentrionali, i meridionali non sono solo dei parassiti, dei deficienti e dei delinquenti senza spina dorsale, corrotti e pigri, ma popolano un paradiso terreste nel quale, a causa della loro presenza, ci sono condizioni di vita incivili, barbariche e quasi africane. Per l'esattezza, si tratta di una razza maledetta, dannata e diabolica: una specie inferiore.

Tutto questo potrebbe apparire radicale e razzista: in effetti, lo è. Proprio così argomentano i teorici del razzismo fino all'inizio del XX secolo.

Il fatto poi che gli italiani del Sud, dall'altra parte, definiscano i loro «fratelli» del Nord razzisti, sfruttatori, invasori avidi di potere e tirannici, non è solo una logica conseguenza ma ha anche dei motivi storici.

Oggi le acque si sono un po' calmate e in genere le opinioni appaiono più moderate. Nonostante ciò, il fuoco «luciferino» non si è del tutto spento.

Ancora negli anni '90, lo scrittore *Giorgio Bocca* descrive il Sud dell'Italia come l'inferno in cui regna il male oscuro, pulsa la criminalità organizzata e fiorisce il clientelismo, e dove l'italiano meridionale arretrato, indolente, ignorante e anarchico, campa meschinamente.

Da una parte, l'italiano del Nord colto, laborioso e rispettoso della legge, ogni giorno si affatica e tira la carretta in virtù della sua solidarietà misericordiosa; dall'altra parte, gli abitanti del Sud non hanno niente di meglio da fare che scialacquare le tasse pagate al Nord e fare i fricchettoni al sole.

Detto in altre parole: il settentrionale è la vacca da mungere, l'italiano del Sud è la pecora nera, il pensionato scroccone, il fannullone svogliato e improduttivo.

Per l'italiano meridionale, il «fratello» del Nord è e rimane uno sbruffoncello arrogante, impettito e saccente, che può mostrare dati economici migliori solo perché viene da sempre avvantaggiato dallo Stato e sfrutta in continuazione le risorse del Sud. Per ringraziare, inoltre, spedisce i rifiuti tossici giù in modo elegante e apparentemente inosservato.

E c'è dell'altro: quando si parla di solidarietà, si tratta soltanto di una caratteristica esclusiva della popolazione del Sud che, data la miseria e la discriminazione sociale, non può agire diversamente.

Pertanto, mentre i settentrionali sono freddi, antipatici ed egoisti, la gente calda del Meridione pullula di affetto, gentilezza, cordialità e nella sua povertà è buona come il pane.

Vale sicuramente anche in questo caso quello che si dice generalmente dei pregiudizi: anche se non corrispondono sempre alla realtà, contengono comunque una base di verità.

È quindi importante sapere: l'Italia è un paese nel quale si fron-

teggiano il «Polentone» del Nord Italia – termine derivato dalla tradizionale «polenta» – e il «Terrone» del Sud Italia che si
ingozza di terra. Ognuno pensa, nel suo orgoglio, di essere
superiore all'altro.

Tenetelo bene a mente quando dialogate con un italiano o
quando bevete una birra con un siciliano e un piemontese. Fate
quello che si dice di solito dei tedeschi: siate diplomatici, altrimenti potreste rimanere scottati.

8. FERRAGOSTO.
Un popolo in stato d'emergenza

Fa caldo, maledettamente caldo, quando esco nel primo pomeriggio dalla *hall* climatizzata del mio albergo. Non mi stupisce che con queste temperature gli italiani si riversino tutti sulle coste della loro amata penisola.

Angelo, il mio simpatico portiere, grida ancora alle mie spalle: «Caos ... attenzione ... caos ... è Ferragosto!».

Gli faccio segno di lasciar perdere. Molto probabilmente vuole solo avvisarmi del caldo estivo per intascare qualche altro euro di mancia. Te lo puoi scordare, Angelino!

Bene, ci starebbe adesso un gelato o un'aranciata ghiacciata? Più tardi, in realtà, potrei anche rinfrescarmi godendomi un po' di mare. Di buon umore, passeggio nella stretta stradina del mio pittoresco paesino sulla costa, in direzione spiaggia, dove da ormai cinque giorni mi concedo un po' di riposo e di tranquillità in stile italiano.

Già dai primi metri, sento però che oggi è tutto in un certo senso diverso. Ma da dove viene questo bordello? Di solito, qui tutti dormono a quest'ora! Siesta e così via ...

Quando arrivo sulla litoranea, mi si presenta una vista davvero spettacolare. No, non sto parlando del mediterraneo color turchese, ma di una baraonda che secondo me non può avere eguali. Ovunque io guardi il traffico è bloccato, ci sono macchine parcheggiate in ogni luogo, in tutti gli angoli e in qualsiasi buco. Un concerto di *claxon* segue l'altro. Un italiano con i capelli bianchi si arrabbia ferocemente e gesticola in modo poco ortodosso con le braccia perché un qualsiasi coglione gli ha bloccato, con l'auto, l'entrata di casa.

Gente con materassini, cestini e cose da spiaggia incrocia incontrollatamente la mia strada. Prontamente mi scanso evitando il bastone di un ombrellone che diversamente mi avrebbe preso dritto in faccia. E BAM!!! All'improvviso un pallone da *beach-volley* mi colpisce in pieno da dietro schiantandosi contro la mia testa. Vedendo questo casino uno potrebbe pensare: «Ma come mi permetto di stare in mezzo?».

Le persone si affrettano a entrare nei negozi più vicini e ne escono qualche minuto dopo carichissime ma visibilmente più distese, con cibo e bevande. Dappertutto si fanno gesti, si comunica e ci si organizza. Tutti sembrano allegri e felici nonostante la confusione.

Ok, mi dico: sono proprio queste la vivacità, la passione e la gioia di vivere italiane che noi tutti amiamo così tanto. E inoltre, se non eccedono durante le vacanze, quando altrimenti?

Ormai divertito, osservo il movimento e l'affollamento vario e selvaggio, ben cosciente che oggi non devo più fare la spesa perché in albergo mi aspetta Vincenzo, un cameriere adorabile, che in modo gentile, grazioso e accurato mi servirà anche stasera a tavola e mi verserà generosamente l'ottimo vino della casa.

Distolgo lo sguardo dalla strada e cerco con gli occhi la meravigliosa spiaggia di sabbia bianca sulla quale, negli ultimi giorni, ho battuto la fiacca al sole leggendo un romanzo. Qui di sicuro ci sarà ancora un posticino libero per me!

Col cavolo! Adesso mi rendo veramente conto della portata di questa allegra follia.

Mamma mia! Davanti a me c'è un mare di gente, ombrelloni, tende, brandine, tavoli, coperte, teli da mare, materassini gonfiabili, palette da spiaggia, arnesi sportivi e canotti. Dovunque si accumulano borse-frigo, scatole, contenitori di plastica, casse di bibite e sacchi di carbonella.

In ogni angolo si sente musica, le persone stanno in piedi, si gettano e saltano nell'acqua. Alcuni discutono, altri scherzano e ridono insieme o fanno *sport* con una racchetta o una bottiglia in mano. Inoltre, soprattutto gli uomini, fanno attenzione a che le bistecche sui *barbecue* fumanti non si carbonizzino. Le donne, in cambio, tagliano già il pane, l'insalata o l'anguria. Mentre alcuni litigano su chi ha diritto agli ultimi posti liberi, in realtà ormai inesistenti, i bagnini – i «*Mitch Buchannons*» italiani – dichiarano la loro incapacità di agire e sventolano «bandiera bianca».

Tutto sommato, lo scenario posso riassumerlo in questo modo: si tratta di un misto tra un *Luna Park* affollato, un *beach-party* scatenato, un *techno-rave,* un caotico campeggio di gruppo e una gita domenicale di tutta la famiglia.

«Madonna Santa!», sfugge silenziosamente dalle mie labbra.

«Eh, esatto, la Madonna!», sento dire improvvisamente da una voce non lontana.

Mi giro verso destra e noto in vicinanza un uomo d'età avanzata, poco appariscente, che osserva proprio come me l'avvenimento. Mi racconta:

«Qui si festeggia l'Assunzione di Maria in paradiso, la sua salita in cielo. Oddio, diciamo così: si comincia a festeggiare il giorno prima. Giudichi Lei se riesce a scorgere dello spirito religioso …»

«Ma certo! Domani è il 15 agosto, l'Assunzione della Vergine. C'era qualcosa!», penso nella mia laica ignoranza.

Stando a quanto vedo, devo ammettere che gli italiani hanno trovato un modo molto particolare di festeggiare questa ricor-

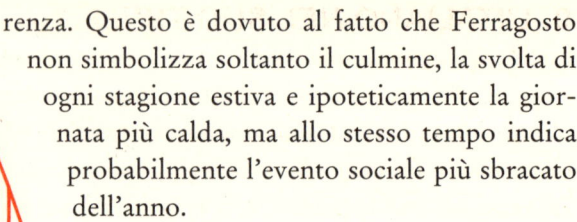

renza. Questo è dovuto al fatto che Ferragosto non simbolizza soltanto il culmine, la svolta di ogni stagione estiva e ipoteticamente la giornata più calda, ma allo stesso tempo indica probabilmente l'evento sociale più sbracato dell'anno.

Ora, ho due possibilità. La prima: mi apro una birra, mi butto nella folla e faccio «ricerca sul campo» in uno stato di emergenza collettivo. In questo caso, mi sorprenderò a godermi un bagno a mezzanotte con i miei nuovi amici italiani in un bombardamento di fuochi d'artificio e con una condizione di allegria dovuta alle abbondanti bevute. Un rituale veramente adeguato in onore della Santa Vergine!

La seconda: ritorno in albergo e sicuramente berrò anche lì grazie allo spumante di Vincenzo. In questo caso, dovrò solo fare attenzione a non incontrare il portiere Angelo perché lui mi aveva avvertito: Ferragosto … esattamente!

9. L'ITALIANO NEL SUO TRULLO –
L'identità paesana

«Sì, sì, il Locorotondo lo produciamo solo qui»,
mi racconta Simone, il proprietario del ristorante, versandomi un bicchiere. «Se esiste un vino
bianco migliore?!? Lei mi fa davvero delle domande strane!».

Contento e sorridente, roteo il mio calice e guardo in alto, dove
posso ammirare un soffitto con la tipica forma rotonda del
trullo pugliese, nel quale oggi mi trovo a pranzo.

È bello girare le piccole regioni e province italiane. In un qualsiasi luogo apparentemente insignificante, scopro una varietà
incredibile di peculiarità, tradizioni e costumi culturali e storici. In ogni buco di culo sempre più piccolo – scusate l'espressione – a me si presenta una nuova unicità che, secondo quanto
dicono gli abitanti, posso trovare solo ed esclusivamente lì. In
ogni provincia trovo un vino rosso migliore, scopro terre ancora più fertili e incontro gente sempre più gentile.

Cari lettori, sapete che l'olio d'oliva migliore al mondo viene
da Cellino San Marco? Ecco, nemmeno io, ma Giorgio di Cellino San Marco me l'ha raccontato.

Siete informati del fatto che le ciliegie «*Giorgia*» possono sviluppare il loro sapore completamente «nobilitato» soltanto
nelle terre di Crispiano? Beh, se no, chiedete a Daniela di Crispiano che può tenere facilmente un discorso di parecchie ore su
questo.

Insomma, quando si tratta di «casa», gli italiani hanno uno
sguardo molto particolare per il dettaglio mentre non si interessano a tutto l'insieme. Per esempio, un Mario di Avetrana
vuole sapere quando zia Giovanna ha fatto l'ultima volta un
salto dall'ortolano Luigi, per dove è partito il piccolo Valerio

stamattina con le sue due valigie, da chi cenerà forse domani il sindaco Alfonso o a chi ieri Don Gennaro ha negato l'assoluzione.

«La mia terra»: queste tre parole le sento sempre nuovamente ovunque io vada. Quasi quasi chiedo ancora una volta al capo Simone che cosa significa. Lui di sicuro mi saprà dire qualcosa. Ma certo: «Guardi, mio caro amico, se passa tutta la vita sotto il cielo azzurro pugliese, tutti gli altri cieli Le sembreranno lividi e grigi. Oliveti verdi a perdita d'occhio, orti variopinti che cambiano i loro colori a seconda della stagione, il profumo del finocchio e delle erbe aromatiche, vasti manti di cereali che si estendono sulle pianure e sulle colline ondulate. I borghi bianchi e puliti con le loro viuzze, le piazze e le cattedrali romantiche. E poi le persone, che con la loro gentilezza impareggiabile, sono sempre disposte ad ascoltare chiunque. Mi creda, se tutto questo fosse casa sua, nemmeno Lei vorrebbe rinunciarci!».

Beh, cari amici dell'Italia, avete sognato anche voi con Simone? Quando vedo che si asciuga le lacrime dalla faccia, realizzo che cosa significa *terra mia* e ricordo una cena carina con mia moglie e due nostri amici: Antonella e Gianni. Sono una coppia molto affabile e vengono anche loro dalla Puglia, per la precisione dal Salento, per l'esattezza dalla punta del tacco dello stivale o ancora più propriamente dai paesi di Taurisano e Ugento. Non conoscete questi posti? Non è una vergogna, semmai una ragione per andarci.

Queste località distano sette chilometri l'una dall'altra e sono collegate da una strada statale percorribile comodamente in dodici minuti. Una fumata di sigaretta culturalmente e geograficamente trascurabile, si potrebbe supporre.

Nemmeno per sogno!

Antonella, che viene da Ugento, durante l'incontro è fermamente convinta che, in linea di massima, nel suo paese il sole splende più spesso e più a lungo, rispetto a Taurisano, e che soprattutto piove di meno. Secondo la sua idea «fondata», si tratta in pratica di due zone climatiche completamente diverse. L'argomento che Ugento si trova a soli quattordici chilometri dalla

la mia terra

spiaggia, mentre Taurisano a ben ventitré, la lascia inoltre giungere alla conclusione che Ugento si presenta come una mecca del turismo balneare, mentre Taurisano, secondo il suo parere, sta in culo al mondo.

Non sorprende che Gianni, un taurisanese incallito, la pensi in modo completamente diverso. Per questo motivo, c'è da discutere «garbatamente».

Se adesso si trattasse, invece che dei nostri due amici, di una ragazza creativa di Berlino e del ragazzo bavarese meno aperto al mondo, si potrebbero capire le ragioni di entrambi. Ad Antonella e Gianni, però, bastano sette chilometri di distanza. Da uomo freddo della Germania del Nord, io lo trovo allucinante. E non mi meraviglierei per nulla se Gianni, come punizione per la sua maniera energica di dibattere, avesse dovuto passare la notte sul divano.

10. LA MAFIA.
L'ironia del virtuosismo sociale

Gentili lettori, che cosa vi viene in mente quando pensate alla mafia italiana?

«Ovvio! Tutti i siciliani, *Cosa Nostra,* la *'Ndrangheta* calabrese, la *Camorra* napoletana e così via. Tutti individui cattivissimi!».

Non vi corre un brivido lungo la schiena? Pensate alle autobombe, alla droga, ai pizzi o alle vendette di sangue? Vedete *Al Pacino* come Padrino davanti a voi? Temete che da un momento all'altro tre uomini con gli occhiali da sole, vestiti di nero, possano entrare in casa vostra? O siete invece dell'opinione seguente: «La mafia? Oggi è dappertutto. Nel mondo della finanza, nella politica, nell'economia. Sono tutti quanti corrotti!».

Abbandonate un attimo i vostri pregiudizi e gli atteggiamenti e intanto chiedetevi: perché è nata la mafia nel Sud Italia?

«È chiaro!», sbraiterebbe probabilmente un tedesco. «Sono tutti delinquenti. Uno complotta con l'altro, una mano lava l'altra! Ce l'hanno, per così dire, nel sangue!».

Non fatela troppo semplice e ascoltate questa spiegazione: in qualsiasi società servono delle persone che regolino certe faccende quando sono diventate troppo complesse.

Se permettete, vi presento uno di questi personaggi: Giuseppe Genco Russo.

Giuseppe è una persona socievole e gli sta particolarmente a cuore la pace del suo quartiere. Sentite che cosa dice a questo proposito:

«Io sono nato così. Agisco senza pensare a me stesso. Aiuto chiunque mi chieda un favore, credo che sia dettato dalla mia stessa natura. Se quindi viene qualcuno e mi dice *Ho un problema con Tizio, veda un po' se può sistemare la situazione,* faccio venire quella persona da me o vado a trovarla, a seconda che io la conosca o meno. E alla fine li faccio rappacificare!».

Una brava persona questo Giuseppe, non trovate?
Se vi dico, però, che è il padrino della città siciliana di *Mussomeli,* ovvero è o è stato una figura importante di *Cosa Nostra,* che cosa pensate a questo punto della mafia italiana?
Aspettate, vi racconto anche la storia di Elisabetta e di suo figlio Lucio. Lucio è stato per lungo tempo disperatamente e sfortunatamente alla ricerca di un posto di lavoro e sprofondava piano piano in una situazione senza prospettive, in povertà e in depressione. Elisabetta, preoccupata per il suo figliolo, si è rivolta a Salvatore, un altro personaggio socievole come Giuseppe. Tutti, in paese, dicevano che conosceva molta gente e tanti imprenditori e che grazie alle sue eccellenti relazioni avrebbe potuto sicuramente trovare una sistemazione per Lucio in pochi giorni. E, in effetti, su Salvatore si poteva contare.
Elisabetta era così felice che suo figlio avesse trovato un lavoro che se ne fregava del fatto che intanto Salvatore spacciava anche droga alla grande e che la sua ditta edile, nella quale Lucio ades-

so sgobbava, era stata di tanto in tanto «avvantaggiata» con gli appalti pubblici.

E ora vi domando: che cosa avreste fatto al posto di Elisabetta? Avreste denunciato Salvatore alla polizia per traffico illecito di droga e manipolazione della concessione degli appalti pubblici? O sareste stati contenti per vostro figlio e avreste mantenuto la bocca chiusa?

Pensateci un po' e ascoltate, per finire, le parole del giudice *Giovanni Falcone:*

«Se vogliamo combattere efficacemente la mafia, non dobbiamo trasformarla in un mostro né pensare che sia una piovra o un cancro. Dobbiamo riconoscere che ci rassomiglia».

11. FIGLIO PER SEMPRE.
Le gioie e i dolori di un mammone

Quanto è stato bello! Per il fine settimana, sono andato a Firenze a trovare la mia cara amica Silvia. Ok, dopo due giorni di gozzoviglie e di abbuffate, ho due chili in più sulla pancia. Per fortuna, però, il giardino pubblico di Milano è abbastanza grande e con un minimo di corsa la settimana prossima mi metterò in qualche modo in regola.

Dopo aver trovato il mio posto sul *Frecciarossa*, l'*ICE* italiano, e mentre mi preparo psicologicamente ad ascoltare tre ore di *Eros Ramazzotti*, *Adriano Celentano* e *Gianna Nannini,* un giovane uomo attira la mia attenzione: visibilmente stracolmo e sovraccarico con quattro borsoni, due zaini e tasche piene, percorre la carrozza sudando e traballando, ma senz'altro abile acrobaticamente.

Oggi la fortuna è dalla mia parte perché il ragazzo ha riservato il posto accanto a me.

Mi sorride ... no, non per amore o affetto, ma per la gioia d'essere riuscito a prendere in tempo il treno, che in questo momento sta già partendo.

Dopo aver sistemato ogni bagaglio in qualsiasi angolo del compartimento, si siede, palesemente alleggerito, prende dalla tasca destra della sua giacca una focaccia con pomodori freschi e la addenta appagato. Di fianco riesco a osservare come i suoi occhi iniziano a brillare come stelle lucenti e come rischia di scivolare in un mondo di beatitudine.

Ormai sono così italianizzato che capisco rapidamente che cos'è successo questo fine settimana al mio compagno di viaggio, che avrà più o meno trentacinque anni.

«Famiglia?», chiedo al mio vicino che mastica con molto appetito. Della serie: «Sei stato a casa di mamma e papà questo *weekend*, eh?». Gli lancio un sorrisino malizioso.

Poco sorpreso, ma allo stesso tempo sorridendo come un birbante, il ragazzo, che nel frattempo mi dice di chiamarsi Nico, mette la mano nella tasca sinistra della giacca, tira fuori una seconda focaccia e me la consegna dicendo: «Dalla mamma!».

Abbiamo rotto il ghiaccio! Ma quanto è gentile …

Lo ringrazio di cuore e intanto provo la schiacciata alle olive: «Buonissima, davvero!».

Godendomi il cibo, il mio sguardo cade nuovamente sui suoi bagagli, messi ovunque, e mi rendo subito conto che probabilmente c'è solo una borsa che contiene realmente robe da viaggio tradizionali. Si può dare per scontato che tutto il resto dello spazio è stato sequestrato dalla madre, per dare al figliolo un minimo di approvvigionamenti. Solo lo stretto necessario, si capisce: tre chili di caffè, sei di pasta, tre litri di latte, due chili di mozzarella di bufala, un ricco assortimento di frutta e verdura composto da pomodori, zucchine, melanzane, olive, peperoni, cicoria, arance, limoni, uva, anguria e fichi, una grande teglia di lasagne fatte in casa, cotolette e scaloppine appena preparate e, a grandi linee, due litri di squisito sugo espressamente cucinato stamattina. Va beh, anche lontano «l'amore della mamma» deve avere qualcosa per sfamarsi. E chissà quando tornerà a casa la prossima volta!

Gentili lettori, probabilmente penserete che tutte queste cose si possano acquistare pure in un qualsiasi supermercato. È vero! Ma quando vengono da «mammina», hanno tutto un altro sa-

pore. E siamo ancora più onesti: non è
nemmeno sicuro che Nico, fino al mo-
mento in cui è salito in treno, si sia
accorto che la madre «contrabbandava»
focacce nelle sue tasche, durante il pia-
gnucoloso addio.

Sì, sì, il mammone italiano: coccolato, viziato ed effeminato …
argomentando in modo tradizionale-romantico. Le madri italiane semplicemente amano i loro figli.

Il nostro Nico, comunque, è straordinariamente moderno e
tutt'altro che un tipico «uccellino nel suo nido»: non è sposato,
abita da solo e per di più lontano da casa.

Che cosa c'è di male se a questo punto la mamma vuole dare
una mano al suo «povero» figliolo?

La cosa diventa problematica solo quando, per esempio, un
virgulto di quarant'anni, magari divorziato, torna nella casa
paterna perché non è capace di vivere da solo, e per questo soc-
combe volontariamente ai *diktat* della genitrice. Questa tipolo-
gia si può definire «mammone senza scampo» perché l'adulto
giovincello, per dirne una, non è nemmeno in grado di pensare
a portare le camicie sporche in lavanderia. E il fatto che non
abbia la più pallida idea di come pagare le bollette è solo una
logica conseguenza. Se a questo punto non ci fossero perlomeno gli spaghetti della mamma a tavola, la faccenda si farebbe
seria: il mammone sarebbe costretto a provvedere da solo al
cibo.

Care lettrici, se doveste comunque innamorarvi di un tale indi-
viduo, vi do un consiglio per quando in futuro sarete nuore:
state molto attente e imparate a cucinare! Tenete però in consi-
derazione che la vostra arte culinaria non arriverà mai al livello
di quella di vostra suocera.

12. L'ITALIANO AL CELLULARE.
Comunicazione 2.0

«Ancora un attimo, grazie!».

Dondolo un po' impazientemente avanti e indietro sulla mia sedia, dopo aver mandato via il cameriere già per la terza volta senza aver chiesto niente, e nel frattempo guardo mia moglie un po' scocciato. Ormai parla al telefono da più di venti minuti, per l'esattezza da quando ci siamo seduti qui nel ristorante. Di certo non muoio di fame, tuttavia mi chiedo se non avrebbe potuto fare questa telefonata, evidentemente così fondamentale, anche dopo aver ordinato. La risposta è semplice: no!

Indiscutibilmente anche in Germania la gente si è assuefatta al cellulare e all'isteria degli *smartphone*, diventando in un certo senso tanto «italiana». La cultura del telefonino in Italia, però, assume forme estreme che vanno molto oltre il carattere puramente comunicativo.

Cari lettori, forse ricorderete ancora Silvio Berlusconi che nell'aprile del 2009, durante il vertice *NATO* a *Baden-Baden,* ha fatto aspettare a lungo la Cancelliera *Angela Merkel* sulla riva del Reno, perché secondo lui era impelagato in una chiamata importantissima con il Presidente del Consiglio turco *Erdogan,* distruggendo così il procedere diplomatico dell'attraversamento del fiume.

«Che comportamento maleducato!», si scriveva all'epoca nei giornali tedeschi. «Una figuraccia senza pari!», si pensava. Beh, Silvio è appunto italiano. Un uomo di stato tedesco non si permetterebbe mai di fare una cosa del genere.

Ad essere sincero, in questo momento mi sento anch'io un po' come la signora *Merkel* mentre la mia consorte, in stile berlusconiano, sproloquia al telefono. No, non con il signor *Erdo-gan* ... con sua nonna!

Voi vi chiederete di che cosa stiano parlando. Discorrono di quello che mangeremo stasera a cena. Detto francamente, anch'io vorrei saperlo. *Idem* il cameriere che adesso ci guarda in cagnesca.

A mia moglie tutto questo interessa poco e, se voglio passare una cena tranquilla, sarà senza dubbio meglio mandare via il cameriere altre tre volte invece di intervenire.

Per passare il tempo e controllare il mio livello di *stress*, mi guardo attorno. Ecco, lì per esempio c'è il tipico «*gigolò*» italiano davanti alla sua cabrio. Mentre ovviamente conversa anche lui al cellulare, si sistema ogni tanto gli occhiali da sole, si passa le mani tra i capelli grondanti di gel, muove selvaggiamente le braccia e a volte fa una smorfia con la sua faccia abbronzata. Sembra quasi che stia gestendo la trattativa della sua vita.

Anche se i *manager* tedeschi talvolta provano a creare uno scenario simile, non riescono mai ad arrivare alla drammaturgia e all'espressività dei loro colleghi italiani.

Lo stesso vale pure per la signorina seduta con un'amica al tavolo accanto a noi. In modo eloquente e ad alta voce, impossibile da non sentire per gli altri ospiti, fa casino strillando abilmente al telefonino parole come *scemo, cretino, stupido* o *imbecille,* evidentemente indirizzate al suo fidanzato, facendo palesemente divertire la sua amica e le altre persone vicine.

Qual è il contenuto della discussione? Credo che negozino su quali genitori andare a trovare il prossimo *weekend* e su chi dei due debba prima prendere la macchina dall'officina. Onestamente, mi pare che la signorina vinca in entrambi i casi.

A proposito, che cosa sta facendo la mia dolce metà?

«Nonna, vedo un po' che si può mangiare in questo ristorante!»

«Sì, ti prego, vedi un po'!», grido dentro di me. «Il menu si trova giusto davanti a te».

Niente da fare …

Va bene, visto che evidentemente posso contare solo su me stesso, prendo anch'io il cellulare e scorro un po' la galleria fotografica. Mi balza agli occhi una foto nella quale sono ritratti insieme mia moglie, suo fratello e la loro madre. Tutti e tre stanno parlando al telefono, la mia consorte è seduta a un tavolo sulla destra, la madre è sulla sinistra e il fratello è steso sul divano dietro di loro. Sapendo che le moderne tecnologie delle telecomunicazioni hanno creato una società virtuale parallela, guardando la fotografia mi domando se non sono io il vero «alieno». Ma alla fine, con che cosa l'ho scattata? Certo, con il mio *smartphone!*

«Amore … Amoreeeee!», la voce della mia mogliettina mi distoglie da questi pensieri. «Non giocare sempre così tanto col cellulare! Ho fame, possiamo magari ordinare qualcosa?», gira seccata lo sguardo.

«Certo, amore mio!», penso io.

Se non fosse anche nel mio interesse comunicare finalmente quello che voglio mangiare e mantenere un'atmosfera pacifica, adesso dovrei probabilmente esplodere.

Calmo, dunque: «Cameriere, una birra per favore!».

13. IL *MACHO* E LE BELLE DONNE.
Vi saluta Francesco Schettino

«Ritorni a bordo, cazzo!», urla il capitano di fregata Giorgio De Falco nella cornetta.

L'interlocutore dall'altra parte della linea gli risponde: «Ma Lei sa che qui è buio?».

È il 13 gennaio 2012 quando in tarda serata, la nave da crociera Costa Concordia si schianta contro uno scoglio davanti all'isola toscana del Giglio. Le immagini del colosso, inclinato su un lato, e dell'evacuazione delle persone, che si arrampicano sulla fiancata del relitto, fanno il giro del mondo e riempiono le notizie internazionali dei giorni seguenti. 32 persone perdono la vita.

Nel *focus* dell'interesse, però, c'è lui: il comandante Francesco Schettino. Questo perché ha abbandonato la nave in anticipo e anche perché, cosa molto più interessante, non si sa che cosa ci fosse tra lui e la bella signorina che al momento della collisione era evidentemente al suo fianco sul ponte della nave.

Forse il nostro Francesco voleva far vedere che è un gran figo? Voleva mostrare alla sua «sirena» chi comanda sulla nave? Voleva dimostrare alla sua ammiratrice che cosa significa essere un lupo di mare esperto che conosce a menadito le acque del Tirreno?

«Che uomo!», avrà pensato la bionda *Domnica,* almeno finché non si sono schiantati.

Se non fosse tutto così triste, si potrebbe dire: va beh, i *machi* e i *latin lover* sono così, si pavoneggiano e si vantano di saper fare tutto. Sì, questo piace a tante donne. E francamente, il nostro «Schetti» sembra un po' uno spaccone con quei capelli gelatinati, non è vero?

Sulle conseguenze giuridiche della catastrofe e su quello che è successo in realtà nella nave nei minuti decisivi, a questo punto è meglio tacere o semplicemente glissare con parole vuote tipo: «Chissà cos'hanno combinato …».

E nonostante che il comandante, abbandonando la nave, l'abbia fatta davvero grossa defilandosi da qualsiasi responsabilità, un osservatore neutro si chiede comunque perché, come luogo per l'udienza del processo penale che ne è conseguito, si sia scelto il teatro di Grosseto e non una sala classica con tavoli di legno lucido ed eleganti poltrone di pelle nera. Si voleva forse far rinascere la tragedia greca in stile italiano? O si pensava che con Schettino nelle luci della ribalta si sarebbe potuto fare cassa?

Il processo, che ovviamente viene filmato, ricorda un po' *Deutschland sucht den Superstar,* solo che sembra che l'accusato sia seduto nella giuria accanto a *Dieter Bohlen* e i singoli testimoni del disastro si debbano mettere alla prova, esattamente come i candidati.

Bisogna però rilevare che generalmente gli italiani si vergognano del loro connazionale e condannano il suo comportamento. Eppure, cari lettori, quanto vi dirò adesso vi sembrerà forse un po' bizzarro.

Sapete che Francesco Schettino, nel frattempo, tiene corsi all'università sulla «gestione del panico»? Siete rimasti a bocca aperta? Credetemi, non è uno scherzo.

Schettino è un uomo assolutamente richiesto perché è un «esperto», uno «specialista» in materia. È naturale, quindi, che sia stato invitato dall'Università La Sapienza di Roma a spiegare agli studenti le linee guida per controllare ed evitare efficacemente il panico.

Ma c'è ancora di meglio.

Sapete che Gregorio De Falco, rappresentante delle autorità portuali al momento della catastrofe, è stato rimosso dal suo incarico, in pratica contro la sua volontà, nonostante che, pur non essendo un eroe, abbia perlomeno fatto correttamente il suo lavoro durante le telefonate con il comandante? Il motivo ufficiale: «Sostituzione ordinaria».

Si vorrebbe gridare che il mondo gira al contrario, o almeno dire che qui le cose non tornano! Arrivate ad affermare che qualcosa puzza? Non vi scervellate per questo.

Francesco Schettino spiegherà in tantissime altre interviste TV ben pagate come si è svolta veramente la faccenda e che in realtà, in fondo, lui dovrebbe essere celebrato come un eroe. E al massimo lì, le donne impazziranno di nuovo per lui.

14. INGINOCCHIARSI DAVANTI AL PORTIERE DI CASA

Gentili lettori, il portiere di casa – una professione ancora ben diffusa in Italia – non ha preso un vostro pacco spedito dalla Germania. Sarete quindi costretti ad andare personalmente alle poste, a subirvi un'attesa di ore e un «oberato» impiegato postale, sempre se non sarete fortunati e potrete usufruire di un *line-sitter*. Si tratta di un servizio innovativo italiano che muove i primi passi, dove chi eroga la prestazione, in cambio di una piccola «indennità di rappresentanza», prende il vostro numero cliente e gestisce la coda per conto vostro, mentre voi potete sedervi al sole con una bibita fresca.

Questa volta, però, purtroppo il servizio non c'è e dopo un'ora e mezza di attesa, voi siete schizzati. Così non va bene! Questo portiere non sta palesemente facendo il suo mestiere e voi decidete a dirgliene quattro. Pronti? Via!

«Ma che diavolo fa veramente durante l'orario di lavoro?», «Non ho mai visto una cosa del genere in tutta la mia vita!», «Questo è il colmo!», «Ma cos'è questo modo di lavorare?», «Porca miseria, perché sto pagando un portiere?».

Quando alla fine la vostra faccia sarà rossa come un pomodoro, concluderete: «Adesso voglio parlare con il suo responsabile! E subito!».

Se una delle precedenti frasi uscirà dalla vostra bocca, avrete perso: nei limiti delle sue possibilità, infatti, il portiere vi ringrazierà a modo suo per quella ramanzina.

E così, in futuro, vi sveglierà in ogni circostanza immaginabile suonando il campanello, facendo soltanto il suo lavoro. Abitate al pianoterra o al primo piano? Beh, d'ora in avanti il prato si taglierà meglio all'alba, quando l'aria è fresca e il sole non batte ancora così forte. Inoltre, potrete dimenticare i servizi che riguardano la ricezione della posta perché, purtroppo, non si potrà più occupare di tutto insieme, anche se naturalmente lo farebbe molto volentieri. Per questo si scuserà periodicamente. A proposito, per «problemi logistici», la corrispondenza facilmente ritarderà di qualche giorno. Qui, malauguratamente, il portiere ha le mani legate.

Non fraintendete, continuerà a salutarvi sempre in modo molto gentile e vi rivolgerà sempre un «Buongiorno» affettuoso ma falso. Sfortunatamente, avete ferito nel profondo il suo orgoglio, messo in discussione la sua competenza professionale e sottostimato il suo potere.

Ora state pensando che un tale comportamento debba essere sanzionato con un richiamo? Non fatevi illusioni.

Quasi sicuramente il portinaio è amico dell'amministratore del palazzo, è il marito della sorella del padrone di casa o è il fratello dell'elettricista che, poco tempo fa, ha sistemato la canalizzazione per i cavi in tutto l'edificio a buon prezzo.

In breve: siete succubi, vi trovate nelle sue grinfie e soltanto una genuflessione dinanzi a lui potrà ancora aiutarvi.

Perciò, per favore, non fate arrivare la situazione fino a questo punto.

Tutto quello che vale per il rapporto con il custode di casa, vale ancora di più per i rapporti con le infermiere o con gli impiegati comunali. Se esagerate con l'infermiera, la prossima volta non vi prenoterà l'appuntamento più vicino per le analisi del sangue e, con un'espressione contrita sul volto, vi comunicherà: «Mi dispiace, non è stato possibile diversamente. Ho provato di tutto! Deve prendere un giorno di ferie per questo? Mi dispiace davvero!».

E anche l'impiegato comunale, nei limiti delle sue possibilità, lascerà garbatamente riposare la vostra pratica e vi manderà da un collega o in un altro ufficio, facendo riferimento alle sue limitate sfere di competenza.

In questi momenti, pensate al film *Le dodici fatiche di Asterix* e al famoso *lasciapassare A38:* capirete che anche qui il tempo e i nervi sono risorse preziose.

Siate allora sempre gentili, rispettosi e premurosi, soprattutto quando vi trovate in un rapporto di sudditanza e la parte teoricamente più debole ha in realtà lo scettro in mano.

Il mio consiglio: invece di lamentarvi o arrabbiarvi, alla prima occasione invitate il vostro portiere a prendere un caffè, un aperitivo o una birra fresca dopo il lavoro, informatevi ogni tanto su come sta la sua famiglia e lodate la bellezza delle sue fioriere. Avrete sicuramente successo e vi amerà.

15. CHE COSA VUOL DIRE «NOI»?
L'italiano individualista

Non volevo crederci nemmeno io all'inizio. Nonna Angelica è una furba patentata!

Suo marito Lorenzo, amante dell'escursionismo, in età da pensione accarezzava l'idea di fare passeggiate in montagna d'inverno e si trastullava al pensiero di entrare in un circolo di *trekking* alpino. La nonna, però, non era per niente d'accordo e preferiva di gran lunga gironzolare nelle vie più *chic* per fare le vasche con il suo caro. Era quindi costretta ad agire.

«È stato molto facile, Markus. Le prime volte avevo semplicemente dimenticato i miei stivali invernali e così camminavo con i tacchi, inciampando in modo maldestro, con meno dieci gradi sulla neve di Cortina. Il giorno dopo ero sfortunatamente in albergo, a letto con quaranta di febbre.»

«Ma in questo modo non hai rovinato le vacanze sia a tuo marito sia a te stessa?», le chiesi.

«Certo!», mi rispose soddisfatta. «Ma la cosa buona è stata che mio marito ha cambiato subito idea riguardo a future avventure in montagna. Se abbiamo litigato per questo? No! Non si può serbare rancore verso una moglie malata, tormentata dai dolori e sofferente.»

«Questa è cattiveria!», accusai nonna Angelica, dalla quale non mi sarei mai aspettato una tale energia «criminale».

«Beh Markus, noi italiani siamo delle volpi! Sappiamo benissimo come far girare il vento a nostro favore per ottenere il massimo profitto possibile. Viva la furbizia!».

E la nonnina rincarò pure la dose: «Sai, a volte devi essere un vero *figlio di puttana*!».

Mi andò quasi il tè di traverso. Avevo sentito bene?!? Una parolaccia così volgare dalla sua bocca?!? Mi tranquillizzai pensando che mi voleva probabilmente consigliare di essere astuto, scaltro, accorto e subdolo … insomma, di saperne una più del diavolo.

Prima però che io potessi replicare qualcosa, entrò nella stanza suo figlio Davide, un po' nervoso, e ci chiese: «Avete visto per caso le chiavi della mia macchina?».

Nonna Angelica mi fece l'occhiolino e poi rispose al suo rampollo:

«No, mi dispiace figlio mio. Devono essere da qualche parte in casa!».

Guardai con sospetto l'arzilla ottantenne e, quando Davide uscì dal salone, le domandai: «Veramente non sai dove sono le sue chiavi?».

Fatti i cazzi tuoi!

«Certo che lo so! Sono di là, accanto al telefono. Ma lascialo cercare ancora un pochino, magari trova anche il portamonete che non vedo da due giorni. E, inoltre, stiamo chiacchierando così bene in questo momento!».

Mi sistemai meglio nella sedia e, guardandola sbalordito, valutai se considerarla intelligente o furba. Entrambe le cose mi sembrarono giuste.

E siccome lei lesse il mio pensiero, mi precedette:

«Markus, in Italia funziona così: usa gli altri, altrimenti gli altri useranno te! Sii intelligente e fatti i cazzi tuoi!».

Più tardi, controllai «*fatti i cazzi tuoi*» sul dizionario. In pratica, l'espressione è traducibile in almeno due maniere:

1. non impicciarti nelle mie faccende;
2. sii egoista!

Da questa conversazione capii tante cose.

16. CON LA *VESPA* SEI UN «RE».
Tra la gioia di vivere italiana e il codice della strada

«Se possibile, evitate accuratamente il centro di Milano», queste le parole che risuonano dagli altoparlanti della mia auto.

Grazie per l'indicazione, ma purtroppo mi trovo già nel bel mezzo del caos milanese, imbottigliato nel traffico e, ovviamente, con almeno quaranta gradi.

Subito mi sorpassano, scoppiettando, i fantomatici «motorini».

Da destra e da sinistra serpeggiano attraverso un'interminabile fila, ignorano le strisce pedonali e passano davanti agli altri, senza rispettare la coda, prima che i loro conducenti, a causa di un evidente daltonismo cronico, brucino il semaforo.

È una constatazione: in Italia, le regole del traffico e il motorino per principio non vanno bene insieme. L'italiano è troppo attratto dal pensiero di arrivare più velocemente alla meta, si esalta all'idea di destreggiarsi in qualsiasi buco sempre più piccolo ed è molto gasato dal poter tenere testa al più forte, l'automobile, e in questo caso anche a me, grazie alla rapida agilità e manovrabilità di questo mezzo.

Sì, con lo *scooter* l'italiano si sente un «re». E potrei anche dargli ragione vedendo – da automobilista disciplinato – come in questo momento mi sorpassano sfrecciando e poco dopo, in lontananza, diventano sempre più piccini, mentre io, già per la terza volta, mi becco il rosso dello stesso semaforo.

Come se ciò non bastasse, sento improvvisamente un rumore graffiante alla mia sinistra e subito dopo una *Vespa* mi supera lentamente. Ma sì! Un simpatico graffio sulla portiera, mi mancava solo questo. Dai su, distruggimi pure lo specchietto o lascia la tua firma sul paraurti, cretino!

Il tipo sul motorino evidentemente non la vede in modo così

drammatico, ma almeno alza sorridendo la mano. Ora que-
sta sarebbe una scusa o
quel tizio mi vuole far
capire che, anche vo-
lendo, non posso
comunque raggiun-
gerlo?
Squilla il cellulare.
Mia moglie: «Ma dove cavolo
sei?».

Mi sento un po' come *Michael Douglas* nel film *Un giorno di ordinaria follia*, quando è disperatamente bloccato in autostrada e perde gradualmente la ragione. Io, però, invece di uscire dalla macchina e «sequestrare», ad esempio, la prossima motocicletta, dovrei forse pensare ai lati positivi delle due ruote.

Che cosa significa stare su una *Vespa* italiana originale, farsi accarezzare il viso dal vento caldo, girare durante l'estate nei limoneti, ammirare andando piano il tramonto sul mare in una mite serata di agosto o prendere per la prima volta la fidanzata da casa per portarla fuori a cena? Che cosa significa andare a zonzo per le strade romantiche, illuminate e trasognate di Roma o di Napoli in una notte tiepida, esplorare con lo *scooter* e un gelato in mano le piccole viuzze del centro storico o arrivare a lavoro semplicemente e comodamente in un quarto del tempo?

Lo posso dire: significa libertà e gioia di vivere.

Cari lettori e ciclisti tedeschi, c'è da riconoscere positivamente che, nella scelta del mezzo di trasporto, voi mettete in primo piano uno spirito sportivo, salutista e soprattutto ecologico. E siamo seri, in quanto alla semplicità di parcheggio, una bicicletta può senz'altro competere con una Vespa.

Per il resto, non fatevi illusioni: gli italiani sanno sviluppare meglio, partendo da un veicolo a due ruote, un vero stile di vita.

Calcolando da freddi razionalisti, magari obietterete che si tratta di uno stile di vita costoso. In effetti, lo è. Ma per quale motivo si deve obbligatoriamente risparmiare sullo stile di vita? Questa sarebbe la risposta di un italiano: la vita è troppo breve.

Tra l'altro, quando sei un «re», tutto il mondo sta ai tuoi piedi. Chi se ne frega, a questo punto, delle norme della circolazione? Provate anche voi ad essere «re» per una volta. Restate però un minimo fedeli alle vostre radici tedesche, mettetevi almeno il casco e abbiate un po' di pietà per la povera gente e le loro auto. Ah, è diventato verde! Se l'incrocio adesso non fosse bloccato da una moltitudine di vetture che vogliono girare a destra e a sinistra, si potrebbe anche procedere.

17. 'O SOLE MIO.
Romanticismo, amore e passione

Aldo è molto nervoso. Sulla fronte gli si formano delle goccio-
line di sudore, le sue gambe tremano e anche da lontano si vede
che ha i palmi delle mani inumiditi. Sistemato il microfono e
rimesso a posto il collo della camicia per l'ennesima volta, si
può, anzi, si deve iniziare.

Vedendolo in questa situazione, faccio fatica a non vergognar-
mi per il mio amico italiano. So però benissimo che stasera si
gioca tutto.

Di colpo, parte una musica per il *karaoke* e lui comincia la sua
performance appassionata con una voce dapprima alquanto in-
crinata.

Assisto alla cosiddetta «*serenata*». È un'antica tradizione ma-
trimoniale che fino ad oggi resiste soprattutto nelle regioni del
Sud Italia. Il futuro sposo, in questo caso Aldo, la sera prima
della cerimonia si mette con gli amici più stretti davanti alla
casa dei genitori della futura sposa, magari nel giardino, e dedi-
ca una canzoncina d'amore alla sua prossima consorte; ovviamente, tutto dal vivo.

Ho sempre pensato che cose del genere esistessero solo nei
film, ma mi sbagliavo!

Nei primi minuti, secondo me, Aldo non fa una figura così
brutta. Sono sicuro, comunque, che se sapesse pizzicare un po'
la chitarra sarebbe notevolmente avvantaggiato. Almeno questo deduco guardando i movimenti delle braccia, a volte poco
controllati e maldestri, del mio sofferente compagno.

Mi ripeto sempre in testa: lo sta facendo per amore!

Ma quando lo salverà? Quando l'adorata e decantata, che a
proposito si chiama Rossella, si farà vedere dal promesso sposo?

Si accende la luce al primo piano e lentamente si apre la porta.
Per un attimo, penso di essere in Piazza San Pietro ad aspettare
che il nuovo pontefice appena eletto si affacci al balcone e si
presenti ai suoi fedeli. Ma così non è. Svegliata dalle dolci note,
Rossella, rossa in faccia come un peperone, esce sulla terrazza.
Un romanticismo senza tempo: deve essere stato più o meno lo
stesso, all'epoca, anche fra *Romeo e Giulietta.*
Mentre però *Romeo e Giulietta,* ai loro tempi, non potevano
raccontare niente a nessuno del loro amore,
la serenata è intesa come evento volontariamente pubblico, cosa che indubbiamente non riduce la pressione su Aldo.
Ed è effettivamente così: la sua musicale
dichiarazione d'amore invita il vicinato
curioso a unirsi all'avvenimento senza esitare,
al massimo anche in camicia da notte, per cui alla fine conto
circa 150 persone.
Niente panico! Tutto questo il nostro eroe non lo nota più. Nel
frattempo, cantando, è caduto in *trance,* ubriaco d'amore, e si
risveglia soltanto alla fine, grazie all'applauso scrosciante dei
presenti e soprattutto per merito di un dolcissimo bacio di
Rossella, che intanto è scesa dalle scale fluttuando come un angelo.
Il resto della serata si racconta velocemente. Tutto continua
con un bicchiere di vino, una musica leggera ballabile, un piccolo spuntino di mezzanotte e termina con una breve chiacchierata sul giorno successivo, il giorno del matrimonio.
Roba forte, si potrebbe pensare. In effetti, il fegato del «*Don
Giovanni*» canterino non è per niente da sottovalutare. Cari
lettori, non ci credete? Allora provate anche voi! Il testo di '*O
sole mio,* all'occorrenza, lo trovate su internet.
Buona fortuna!

Lo so, tutto ciò di cui sono capaci gli italiani quando vengono spronati da *Eros,* per un tedesco risulta a volte un po' esagerato. Sono stato in tutti i luoghi considerati romantici per antonomasia da ogni turista. Come tanti altri, mi sono trovato sotto il balcone di *Giulietta* a Verona, ho visto il golfo di Napoli al tramonto e ho ammirato il Canal Grande illuminatissimo dal Ponte di Rialto a Venezia. La prova che il «*Casanova*» italiano esiste davvero, però, l'ho trovata altrove: nel giardino dei genitori di Rossella!

18. AMICO MIO.
Che cosa significa amicizia

A un italiano non piace molto stare solo. Essere solo significa aver fallito nella vita, essere una nullità e vivere ai margini della società. Una cosa è quindi chiara: quando si vive in Italia, non è difficile fare amicizia. In poco tempo, si è circondati da tanti amici e sembra che uno ci ami più dell'altro.

In vacanza, durante una festa in piscina di sera, ho conosciuto ad esempio il bagnino Gigi. Insieme con altri suoi amici, ci siamo scatenati come si deve e posso senz'altro affermare che, a primo impatto, sembrava un bravo ragazzo. Mi ha comunque un po' sorpreso la velocità con cui sono entrato nel suo cuore, come suo amico. Non dico questo solo perché Gigi, la sera stessa, mi ha invitato a casa sua per il *weekend* successivo, ma anche perché la mattina dopo ha pubblicato su *Facebook* una foto con me, il suo nuovo compagno. Titolo: «I buoni amici nessuno li può dividere!».

Grazie a Dio non sono una persona che tende a soffrire di complessi d'inferiorità. Chi dovesse soffrirne, però, non vada in ansia nel sentire che la lista degli amici di un italiano è mediamente dieci volte più lunga rispetto alla propria. Perché? C'è un piccolo intoppo: un italiano intende la parola «amico» in modo considerevolmente più liberale in confronto a un tedesco.

«Amici» sono senz'altro il macellaio accanto, l'impiegato delle poste allo «sportello sei» o anche il comandante della Guardia di Finanza del luogo. Allo stadio, il tifoso seduto a fianco è indubbiamente un amico; il politico che ha risposto una volta a una richiesta via *e-mail*, tramite la sua assistente, è di sicuro un amico; anche un carabiniere per amico, non è mica uno svantaggio!

Inoltre, le possibilità di trovare molto velocemente tanti amici aumentano se si riesce a comunicare agli altri d'essere una persona palesemente importante, uno strafigo pazzesco, e per esempio di potersi permettere una *coupé* sportiva. Sul veicolo c'è il *leasing*? È uguale, nessuno lo sa!

Ci sono stati dei momenti in cui ho pensato che, per allargare la mia cerchia d'amicizie, sarebbe stato meglio correre nella banca più vicina, farmi rifilare un credito da un milione di euro con interessi da usura, e acquistare con questi soldi una grossa Ferrari, un piccolo *yacht,* una bella casa al mare o qualche orologio d'oro. In questa maniera, sarei apparso come un uomo rispettabile, «un grande», che evidentemente è riuscito a creare qualcosa nella sua vita. Il fatto che prima o poi la banca mi avrebbe tolto tutto, perché non avrei mai potuto pagare il debito, sarebbe stato un discorso da fare in seguito. Tutto a suo tempo!

Se invece che di amicizia parliamo addirittura d'amore, i sentimenti non hanno freni.

Ho perso velocemente l'illusione di essere l'unico amore nella vita di mia moglie. Ebbene sì, devo convivere con la consapevolezza che mia moglie ha tantissimi altri amori oltre me. Questo non vuol dire che mi tradisce, significa piuttosto che la sua impulsività e il suo calore la spingono a riconoscere vari amori. Qualsiasi membro della sua famiglia è ovviamente un «amore mio», un amico stretto è senz'altro un «amore mio», anche un collega di lavoro o di studi può essere, senza problemi, un «amore mio».

Devo ammettere che all'inizio facevo fatica a restare tranquillo sentendo tali dichiarazioni d'amore, soprattutto quando origliavo una telefonata della mia dolce metà dalla quale sospettosamente usciva spesso questa espressione, o quando casualmente leggevo un *sms* cosparso di faccine che mandavano baci. Tutto questo solo per inciso.

Ritorniamo all'amicizia. È da prendere con le dovute cautele perché un legame d'amicizia, stretto in un baleno, è fragile e può rompersi in un attimo. Così come si è in poco tempo promossi ad amici, allo stesso modo l'amicizia può bruscamente finire.

Talvolta, questo può accadere semplicemente perché, dopo un primo e unico incontro, «l'amico» non si rivede più, come mi è successo con Gigi. Il punto chiave, però, è che le oscillazioni dei sentimenti, in base alle quali un amico è davvero tale o meno, sono notevolmente più accentuate nell'italiano che nel tedesco. Ricordo sempre molto bene le parole di Andrea, il mio vicino di casa: «Ovvio, i tedeschi sono distanti, rigidi e algidi. Noi italiani, al contrario, abbiamo questa sensibilità, quest' affettuosità impareggiabile, questa intimità tanto amabile. Da noi, nessuno rimane solo. Ma una cosa posso garantire, quell'Angelo non entrerà più in casa mia!».

Cari tedeschi, bisogna comunque avvertirvi di una cosa. Per favore, quando un italiano che conoscete solo da qualche ora vi abbraccia amorevolmente e vi chiama «amico mio», non rispondete con la solita «gentilezza» tedesca: «Come *amico mio*? Non La conosco nemmeno!».

19. AVE MARIA E CRISTO SANTO.
Viva la fede!

«Dimmi zio Daniele, credi davvero che esista un Dio in cielo?»
«Ma certo, Markus! E ti dico, ogni domenica sono religiosamente attivo quando cado dal letto grazie al campanile accanto. Se sono battezzato? Beh, in realtà non lo so. Comunque, Buon Natale!». E brindiamo.
Quest'anno festeggio la Vigilia di Natale con la mia famiglia italiana e quando sto giusto pensando che la serata si stia svolgendo tranquillamente, arriva la sorpresa.
«Processioneeeee!!!», grida Anna improvvisamente in mezzo al salone. Dopo pochi secondi, tutta la truppa festeggiante è in piedi. Qualcuno mi sussurra: «Markus, adesso sta per arrivare la parte dura della serata! Nasconditi da qualche parte, se puoi!».
Troppo tardi, mi trovo già in mano una candela accesa e ho la «fortuna» di partecipare a una processione tradizionale, dentro casa, in onore della nascita del figlio di Dio.
Tutti i presenti, normalmente in fila dal più piccolo al più grande, si mettono in riga e formano un corteo. In questo caso, in prima posizione c'è la piccola Mara che porta in mano una statuetta di Gesù.
Date le circostanze, credo che forse avrei preferito la messa di Natale che si ripete ogni anno a casa mia in Germania o che avrei ascoltato più volentieri, per l'ennesima volta, le canzoncine natalizie del coro dei bambini della mia parrocchia.
Evidentemente, non sono l'unico che vorrebbe svignarsela. Dietro di me, Stefano, con molta bravura, tenta di scappare di nascosto dalla stanza cercando la strada per il bagno; a Gino, invece, proprio in questo momento fa male il ginocchio, anche

se solo cinque minuti fa vorticava ancora come un uragano intorno al tavolo da *ping-pong.*

Vedendo che mia moglie ha già dipinto in faccia il suo sorrisetto falso, anche se in realtà è della mia stessa opinione, decido anch'io di dare il mio meglio sorridendo a zia Sara con una falsità allucinante. Nello stesso momento, la catena umana si mette in movimento, tutti cantano felici e «levano grida di gioia».

Non immaginavo assolutamente quanto fosse grande la casa di mio suocero: me ne rendo conto quando, per portare lo spirito della nascita di Cristo in ogni punto della casa, passiamo in tutte le stanze e in tutti gli angoli, perfino tra gli pneumatici impilati in *garage.*

Mi meraviglia Donato: mentre cammina tiene sempre la testa bassa, è immerso nelle sue preghiere. Ah no, sta soltanto inviando degli auguri natalizi con il suo cellulare!

Anche Paolo ruota in modo strano gli occhi, come se sprofondasse con tutta l'anima nella cerimonia. Macché! Prima l'ho visto all'angolo dei liquori ... Probabilmente sapeva che cosa lo aspettava.

La cerimonia si conclude obbligatoriamente raggruppandosi dinanzi a un presepe addobbato. Qui il membro più esperto della famiglia, nonno Ruggero, prende la parola e si pregia di biascicare una preghiera di ringraziamento. Non mi impegno a capire tutto visto che neanche gli altri stanno ascoltando: Ave Maria ... Bambino Gesù ... Grazie Signore ... e così via. Fine!

Appena prima di sciogliere la processione, questa «comunità di fedeli» si scambia gli auguri ad alta voce. Non ho capito se ci si congratula per il buon esito del rituale, per il Natale in sè o per aver superato la «trafila».

«Ipocrisia, portami via!», mi butta lì Leonarda passando.

Ma davveeeeeero, Leo?!? Non mi sembra proprio … ma lasciamo stare …

Verso mezzanotte, si apre per i bambini il «supermercato dei regali» e il ginocchio di Gino miracolosamente non crea più problemi. Gli adulti, in cambio, si spostano nella zona divani, davanti al camino, per discutere di quello che pensano in realtà della Chiesa cattolica. A questo punto, risparmio ai fedeli i contenuti. Solo una cosa è chiara: Papa Francesco è un tipo in gamba!

Amen!

20. COME L'ITALIANO DIFENDE LE SUE ECCELLENZE.
Un dialogo

Molto convinto, Franz prende un sorso come si deve della sua *Hefeweizen* piacevolmente fredda e vigorosamente rinfrescante.

«Ti prego Tullio, so che siete un popolo di liberi pensatori e di creativi, ma adesso non vorrai dirmi sul serio che la vostra industria di cianfrusaglie può tenere il passo con l'alta qualità tedesca!».

Tullio posa elegantemente la tazzina dalla quale ha appena sorseggiato il suo caffè.

«Franz, mio caro amico, posso comprendere e ammirare il vostro desiderio di avere prodotti affidabili e funzionali, ma funzionale non significa mica bellissimo o buonissimo e soprattutto non significa eccellente! Sai, quando cerco funzionalità mi compro una *Fiat*. È pressappoco come se tu mi dicessi: quando ho fame, ordino uno *Schnitzel* con patatine fritte. Capito?»

«Uno *Schnitzel* con patatine va benissimo!»

«Vedi Franz, anche una *Fiat* va benissimo! Ma noi abbiamo pure la *Ferrari,* la *Lamborghini* e la *Maserati*. Queste sono eccellenze con le quali la vostra *Porsche* non può proprio competere. E adesso non mi dirai che uno *Schnitzel* con patatine si avvicina alla nostra cucina italiana!».

Tullio sta per decollare dall'orgoglio.

«No Tullio, pizza e pasta sono ottimi.

Ma anche le vostre *Fiat,* che dopo tre anni si possono raccogliere con la scopa, non arrivano alle nostre *BMW*!»

«Allora vedi Franz? A questo punto, siamo pari!».

Sorridendo lascivo, Tullio si accomoda meglio nella sedia e lascia vagare lo sguardo sulla movimentata piazza del mercato. Franz, in cambio, non è ancora soddisfatto del risultato ottenuto nella discussione e non vuole che il suo amico italiano se la cavi così facilmente. Dopo aver sistemato il suo capello con piuma, prova a fare un nuovo tentativo.

«Non so, Tullio. Non vivete un po' troppo del vostro passato? *Galileo, Da Vinci, Machiavelli*, ecc.?»

«*Franzel,* hai dimenticato *Cristoforo Colombo*», aggiunge Tullio.

«Come?!? Non è stato quel *Vespucci* a scoprire l'America?».

«Ah sì, è vero! Comunque è uguale, erano entrambi italiani!».

Franz sta iniziando a innervosirsi e pensa che il piccoletto romano non è affatto un ingenuo. Per di più, ha già fame.

«Cameriera! Un panino croccante alla *Nutella,* per favore!».

Sogghignando e annuendo birichinamente con il capo, Tullio guarda il suo amicone bavarese finché quello non si trattiene più: «Tullio, perché mi guardi così?»

«*Nutella,* buona eh?», risponde il suo compagno.

«Ma va! Anche voi in Italia vi abbuffate di cioccolato *Kinder,* no?»

«Come no, Franz, ma quello è *Ferrero*!»

Per un momento, Franz non sa più cosa dire … ma poi lancia finalmente un attacco frontale.

«Voi italiani avete una risposta per tutto, non è vero?»

«Beh, *France,* noi siamo così: creativi, virtuosi, ispirati, pieni d'immaginazione e d'inventiva».

Tullio sfiora vanitosamente i suoi pochi capelli.

«Ah sì? Allora Tullio, se siete così ispirati, dimmi per favore cosa posso regalare a mia figlia per il suo compleanno la settimana prossima.»

«Che ne pensi di una borsa *Gucci* o *Versace* in stile italiano, eh?»

«Ma nooo, lascia stare queste stupidaggini di marca! Io pensavo a qualcosa di più vivace. Alla mia Silvia piace molto *Lady Gaga,* per esempio!»

«Sapevi, Franz, che *Lady Gaga* di cognome fa *Germanotta*?»

«Ora basta però, Tullio! Altrimenti ti rendi ridicolo e mi racconterai pure che *Madonna* si chiama *Madonna* perché è italiana anche lei.»

«No, amico mio! *Madonna* ha soltanto il padre italiano».

Tullio prende la birra del compare e manda giù un bel sorso al posto suo.

«Mmm, *Hefeweizen* Franz! *Made in Germany*! Salute!».

21. PAPÀ SISTEMA TUTTO!
Orgoglio e onore nelle famiglie italiane

Cari lettori, avete già imparato qualcosa sul ruolo della mamma che vizia, adora e cura suo figlio. Che cosa si può dire, in compenso, del papà italiano?

Dunque, è un tipo orgoglioso. Per lui conta soprattutto che il mondo capisca chiaramente chi porta i pantaloni in casa. Si tratta, per così dire, di una questione d'onore nella quale non si può sbagliare: lui è il capo, il *boss*, il punto fisso intorno al quale gira tutto il nucleo familiare. Su di lui si può contare, a lui spetta il ruolo di patriarca e capostipite.

Non porta solo il pane a casa, gestisce anche il *clan* quando naviga nelle complesse acque della società. C'è un problema con il vicino? Papà lo sistema. Uno stato di emergenza esige una decisione veloce? Papà è presente. La figliola non è entrata nel corso di studi desiderato? Vediamo un po' se *il papi* può fare qualcosa.

Contemporaneamente a tutto ciò, questo *leader* si impegna instancabilmente a difendere l'orgoglio e l'onore della sua famiglia da attacchi esterni e a metterla sempre nella migliore luce possibile. Mentre il padre tedesco, perseguendo uno scopo simile, utilizza di norma una controllata modestia, il padre italiano non nasconde per niente che la sua stirpe si avvicina molto al *non plus ultra*, alla perfezione e alla quintessenza terrestre. Non esita neanche un secondo, per esempio, a raccontare dettagliatamente ad amici e conoscenti che il figlio ha appena acquistato la villa più bella al mondo, a dare notizia della facilità e della leggerezza con cui la figlia fa fuori gli esami facendo concorrenza a *Einstein, Newton* o *Darwin*, e a riferire come ha convinto tutti i parenti del fatto che sarebbe soltanto normale se venisse dedicato loro un giorno festivo ufficiale.

Sebbene, di solito, non abbia voce in capitolo in nessuna faccenda domestica, settore nel quale tutti si sottomettono alla rigida autorità materna, la sua posizione di potere in pubblico è indiscussa.

Potete quindi girare e voltare la cosa come volete: l'ostacolo padre non è facilmente superabile.

Lui decide in quale direzione si va, in quale ristorante si mangia e a quale evento sociale si partecipa (o non si partecipa). Tutto questo vale soprattutto per il genitore meridionale.

La figlia vuole andare in vacanza da sola con il fidanzato? Va bene, ma per favore si va dove vuole papà! Ah, due camere singole ovviamente!

Vuole che il figlio affitti un garage per la sua vecchissima *Fiat 500* nonostante che sia obiettivamente una grande stupidaggine? È comunque deciso!

Secondo il parere e la sensazione di un tedesco, questo tipo di gerarchia assume a volte delle forme assolutamente tiranniche, autoritarie e dittatoriali. Stranamente, però, nel parentado a malapena si notano movimenti di resistenza. Il padre è e rimane un idolo con un'esperienza incredibile, incomparabile e indubbia. Saprà di sicuro che cosa fa bene e che cosa fa male ai suoi cari.

Parlando in senso figurato: se «papino» dice di restare «cortesemente» sul *Titanic* mentre affonda, benché questo equivalga palesemente a un suicidio, è molto probabile che alla fine tutti naufraghino.

Se, invece, qualcuno si oppone alle direttive paterne, è altrettanto possibile che offenda l'onore della famiglia, venga redarguito con un drastico «*Ma come ti permetti?*» e metta, inoltre, da irrispettoso rivoluzionario, in pericolo la pace del focolare. Gentili lettori (uomini), se intendete sposare una bellezza italiana, studiate per favore prima, in modo approfondito e preciso, com'è fatto il vostro futuro suocero. E anche se credete di poter mettere facilmente nel sacco quel vecchietto, seguite comunque questi consigli:

1. non contestate mai la sua autorità;
2. evitate qualsiasi forma di critica (e tutto quello che potrebbe essere interpretato come tale);
3. ritenetevi uno «sbarbatello» che da lui può SOLO imparare.

Se osserverete queste tre regole, innanzitutto non avrete nulla da temere e in secondo luogo sarete fortunati ad avere un suocero italiano che vi proteggerà sempre come un vero padre. Non sarà sempre ben chiaro se lo farà per amore della figlia, se sentirà davvero una responsabilità nei vostri confronti o se perseguirà una strategia superiore.

Tuttavia di una cosa potrete essere contenti: in quanto membri acquisiti della famiglia perfetta, automaticamente somiglierete moltissimo, secondo la filosofia paterna, all'immagine ideale di genero.

Rimanete, malgrado tutto, con i piedi per terra e tenete bene a mente: *il papi* ha sempre ragione e questo non vale solo per i nomi sulla lista degli invitati alle nozze. Non mettete in discussione questo concetto altrimenti vi troverete presto in difficoltà con lui e probabilmente anche con tutti gli altri. Di conseguenza, vostra moglie sarà infelice ... e questo non lo volete né voi né «papino».

In bocca al lupo!

22. IL SOLE, LA SPIAGGIA E IL MARE.
La vita «caraibica» di tutti i giorni

Cari alunni tedeschi,
sapete per caso che le vacanze estive in Italia
durano mediamente dai tre ai quattro mesi? E
sapete che i vostri compagni di sventura spesso
passano questo tempo in una magnifica villa al mare a fare bal-
doria con i loro amici? Non diventate molto invidiosi se pensate invece alle vostre pietose sei settimane?

Cari lavoratori,
non cambiereste volentieri la vostra ora di pausa pranzo nella
cucina dell'ufficio con un *break* di tre ore su un telo da mare?
Come sarebbe oziare dopo il lavoro per altre due o tre orette al
mare e godersi i caldi raggi del sole? Non sarebbe bello stare
in vacanza per tutto il mese di agosto semplicemente perché
l'azienda è chiusa per ferie?

Cari imprenditori,
forse vi sembra più facile prendere decisioni difficili sfiorando
con i piedi una sabbia bianca e fine, lasciando scorrere lo sguardo sul mare luccicante e seguendo la barca a vela che in questo
momento passa nella vostra meravigliosa baia.
Spostate semplicemente un *meeting* in spiaggia o fate qualche
telefonata importante dalla sedia a sdraio e unirete così l'essere
imprenditore con la sensazione d'essere in vacanza. In questo
modo, il termine «imprenditorialità regiona-
le» assume un significato
del tutto nuovo, non tro-
vate?

Un mio amico del Sud Italia una volta mi disse: «Andare in spiaggia è come lavarsi i denti». Questo paragone zoppica un po' ma spiega bene il nocciolo della questione: il sole, la spiaggia e il mare sono delle istituzioni nel Meridione, fanno parte di una filosofia di vita, di un *savoir-vivre*, di uno stato d'animo psicologico e spirituale.

E il meteo? Ogni volta che vado con mia moglie in Germania a trovare i miei genitori durante l'estate, spero sempre che il tempo faccia la sua parte per poterle mostrare anche le nostre belle spiagge del Nord. Forse non mi crederete: dopo nove anni non ci sono ancora riuscito!

L'italiano meridionale, all'opposto, non ha bisogno di sperare … il tempo è bello. Punto!

Non serve a questo punto precisare che i litorali italiani sono i più belli al mondo. È più interessante constatare come gli abitanti del «Bel Paese» a volte litighino su chi ha il lido più stupendo e più lungo e discutano su chi ha il mare davvero come nei Caraibi.

Perché, allora, andare nei Caraibi? Chiedetelo a chiunque, ma per piacere non a un italiano.

23. FRATELLI D'ITALIA.
L'italiano nella sua nazione

«L'Italia? È la nostra nuova regina o un nuovo tipo di frutta?».
Gli italiani conoscono la loro storia come chi coltiva il grano
conosce la navigazione spaziale.

In quanto lettori scettici, direte subito: «Come?!? Ma una volta
i Romani sono stati dei «grandi« e hanno conquistato quasi
tutta l'Europa, *ad eccezione di un piccolo villaggio gallico*!».

Questo è vero. Forse però non sapete che sia prima sia dopo
l'Impero Romano, lo «Stivale» è stato un territorio nel quale
hanno imperversato a turno i fenici, gli etruschi, i greci e i bi-
zantini; più tardi i germani, gli arabi, gli spagnoli, gli austriaci e
anche i francesi ... questo per menzionarne solo alcuni. Basta
guardare alcuni cognomi odierni del Sud Italia come *Spagnolo*,
Greco o *Albanese*. Non vi sembra una grande coincidenza?

L'Italia, quasi come la conosciamo attualmente, nasce in realtà
solo nel 1861 con l'unificazione nazionale, «festeggiata» oggi
con il termine «*Risorgimento*».

Perché il verbo «festeggiare» è tra virgolette? Beh, non tutti gli
italiani sono in vena di celebrare questa ricorrenza. Come mai?
Nonno Pino, per esempio, risponde così:

«Questi avidi invasori del Nord hanno occupato e annesso il
nostro Sud rubando, saccheggiando e assassinando a sangue
freddo. Mi dispiace, non vedo la nascita del mio Paese come un
grande e glorioso trionfo e non riesco a gioire all'idea di una
nazione felicemente unita. Che c'entriamo noi con quei vigliac-
chi del Nord? Un cazzo!».

Si potrebbe presumere che questo non sia un buon punto di
partenza per i «*Fratelli d'Italia*» ...

Quando oggi, quindi, scopro che praticamente in ogni città
italiana, in onore dei protagonisti di quell'epoca, c'è una Via

Garibaldi, una Via *Mazzini* o una Piazza *Vittorio Emanuele,* o quando guardo con stupore questi eroi su monumenti imponenti, devo sempre riflettere sul fatto che la loro eroicità non viene riconosciuta da tutti i cittadini. E finora non ho ancora capito che pensa «l'italiano odierno» – mettiamo anche questo fra virgolette – veramente della sua nazione. Solo una cosa è chiara: dipende dalla situazione e dal punto di vista.

Ancora oggi mia moglie mi grida in faccia «Gol di Grosso, Gol di Grosso, Gol di Grosso», facendo riferimento al doloroso 1:0 dell'Italia contro la Germania nella semifinale della Coppa del Mondo 2006. Questo anche se di calcio non se ne frega tendenzialmente, o meglio, assolutamente niente.

Quando ai Mondiali risuona il «*Canto degli Italiani*» di *Goffredo Mameli* con il suo ritmo vivace, si può allora star certi che ogni italiana e ogni italiano vuole «cantare» la sua nazione, con la mano sul petto, fino alla vittoria. Forza Italia!

Sul territorio, però, tutto sembra un po' diverso. Per comprendere meglio, è d'aiuto la seguente citazione di *Gianluca Falanga*: «Chi nasce a Milano o a Catania si considera e di solito viene considerato anche dagli altri lombardo o siciliano a vita. Se vive ancora nel suo paese d'origine o se nel frattempo si è trasferito, è del tutto irrilevante. Se poi un milanese siede accanto a un lombardo bergamasco o se un catanese sta con un siciliano di Agrigento, approfittano subito dell'occasione per precisare la loro identità, facendo riferimento ai confini delle loro città natali, perfino del quartiere».

Questo ricorda già molto l'italiano nel suo trullo, non è vero? Una volta zia Clara mi confessò: «Ovvio, Markus! Noi ce ne freghiamo dello Stato. Ma siamo comunque italiani, e questo da cima a fondo».

Eh?!? E questo come lo dovrei capire?

«Io non mi sento italiano ma per fortuna o purtroppo lo sono», canta anche *Giorgio Gaber.*

Diventa sempre più da pazzi!

Devo prendere perciò atto del fatto che potrebbe essere difficile diventare italiano se anche per gli italiani stessi non è chiaro quale posizione sostenere.

Viene forse in soccorso la prossima valutazione: l'italiano non ama la sua Patria nella sua interezza ma ama la «sua» Italia, come la vede e come la conosce soggettivamente, nel piccolo. Nella sua piccola Italia è felice, è un vero italiano.

D'altro canto, tende a non ragionare su quello che ha in comune con i suoi connazionali ma cerca piuttosto di distinguersi dagli altri. In breve: gli italiani sono uniti nella diversità.

Lo scrittore *Massimo d'Azeglio,* poco dopo l'unificazione, scrisse: «Pur troppo s'è fatta l'Italia, ma non si fanno gl'Italiani». Quanto aveva ragione!

Tutto sommato, essere italiano non è quindi troppo difficile: basta essere diverso!

24. «COSÌ FAN TUTTI.»
L'interpretazione flessibile delle regole

Dietro di me il traffico si congestiona. Le macchine mi sorpassano suonando il *claxon* a più non posso. I singoli guidatori, passando, lanciano sguardi e maree di invettive contro di me. Sono nervoso e sudo freddo. Controllo incessantemente lo specchietto retrovisore e preferirei sprofondare nel sedile. Anche se tutta questa situazione non è colpa mia, mi vergogno terribilmente.

Ma per amor del cielo, dov'è finito Giovanni? Voleva solo prelevare rapidamente dei soldi dal *bancomat*. «Non ti preoccupare!», mi ha detto. «Torno subito!».

Sì, sì ... certo! Non ti preoccupare ...

Anche se sono solo il passeggero, non cambia il fatto che adesso sto come un cafone imbecille in seconda fila, con le quattro frecce accese, a bloccare la circolazione su una strada principale a una sola corsia. Manca soltanto che ora arrivi la polizia e mi multi personalmente per sosta vietata.

Finalmente! Mi sembra che siano trascorsi venti minuti, quando il mio compagno torna con tutta calma. Ha anche comprato velocemente le sigarette. Tanto, non c'è fretta! Le auto ferme dietro di noi di sicuro aspetteranno. Non avranno nient'altro da fare!

Quando si mette al volante, evito una discussione su regole e statuti. Alla fine, sono troppo sollevato dal fatto che questo momento sgradevole di tensione sia ormai passato. Partiamo e poco dopo raggiungiamo la nostra meta: un piccolo *lounge bar* molto carino, dove possiamo chiacchierare un po' durante un *apericena*.

Come al solito, all'arrivo notiamo subito che le possibilità di parcheggio sono molto limitate, almeno secondo me. È venerdì sera, è tutto pieno.

«Va bene, dai!», gli dico. «Al massimo faremo qualche passo!»

«Ma no!», spara lui. «Lì davanti ce n'è già uno. Ci entriamo tranquillamente, amico mio!».

Prima che io riesca a capire di quale posto «libero» stia parlando, il mio amico italiano è già salito come un pazzo con la macchina sul marciapiede e adesso sta provando a sistemare la sua maneggevole *Lancia* tra una vettura, messa regolarmente, e un muro.

«Oh, giovane! Qui ci stai stretto però!», lo avverto.

«Macché! Me ne infischio se la mia vecchia carretta si fa un altro graffio!», mi risponde manovrando con foga il volante.

Il proprietario della *Mercedes* nuova di zecca accanto a noi la vedrà allo stesso modo?

Dopo qualche istante, Giovanni si è piazzato in mezzo al marciapiede, dove di norma dovrebbe camminare la gente.

«Ottimo! Va benissimo. Perfetto!», dice contento. «Oggi non controlla più nessuno!».

Questo è uno dei tanti piccoli momenti in cui comprendo che il cammino per diventare italiano, a volte, si rivela molto complesso.

Mi guardo attorno. In effetti, tutte le automobili intorno a me sono parcheggiate in modo un po' strano, molto ai «limiti» del codice della strada. Le strisce pedonali hanno cambiato funzione, si sono trasformate in posteggi; l'incrocio è in sostanza bloccato da alcuni veicoli disposti in modo caotico e i vari paraurti non temono nessun contatto diretto.

Va bene, mi dico. Giovanni sicuramente sa quello che fa. Inoltre, non voglio recitare il ruolo del tipico tedesco rigido, inflessibile e pignolo. Se vuole pigliarsi una multa, prego!

Naturalmente, succede quello che doveva succedere. Dopo qualche bella ora passata insieme, torniamo alla macchina e una simpatica contravvenzione spicca sul parabrezza. Beh, è abbastanza! Fra poco il mio amico perderà le staffe.

Lui prende il foglietto e sale in auto fischiettando allegramente.

Nei primi minuti cala un silenzio tombale, ma poi non riesco a trattenermi.

«Quanto?», gli chiedo. Anche con tutta la buona volontà, non ce la faccio a nascondere un risolino malizioso e leggermente perfido.

«Come quanto?», replica sorridendo felice.

«Come quanto?!? Quanto devi sborsare? Che c'è scritto sulla multa?»

«Ma quale multa? Io non ho visto nessuna multa. Tu?».

E ritorna il mutismo in macchina.

Giovanni si accorge della mia espressione un po' stupefatta e, mentre guida, mi dà inaspettatamente una pacca sulla spalla: «Dai, andiamo amico mio, siamo tutti peccatori! Così fan tutti!».

Devo un attimo riordinare le idee!

Allora, se hanno mai fatto una contravvenzione, o il vento purtroppo l'ha spazzata via, o il poliziotto ha semplicemente fissato male il foglio al tergicristallo.

Conclusione: Giovanni non ha mai ricevuto niente, secondo la sua opinione. In realtà, nessuno può provare che l'ha lasciata elegantemente cadere mentre saliva in auto. Gli faranno causa per 39 euro? Certo che no! E anche se fosse, non testimonierei per il mio amico di non aver visto nulla? Indubbiamente lo farei, almeno se fossi un buon italiano.

E soprattutto, chi dice che stasera non c'era un'eccezione «straordinaria» che permetteva, proprio a Giovanni, di parcheggiare la macchina in seconda fila o sul marciapiede?

25. LA TV ITALIANA.
Quando la parola «spettacolo» è poco

«Stacchettooooo …!». Riecheggia una musica latina e due giovani signorine, poco vestite e molto attraenti, si dimenano in uno studio televisivo colorato, ballano in modo un po' goffo con un palo e strisciano su una scrivania. Una è piuttosto bruna, una focosa *Penélope Cruz* se vogliamo, l'altra è più un tipo nordico, un angelo biondo con luminosi occhi blu. Beh, ce ne deve essere per tutti i gusti!

La cosa tragica è che il ruolo delle due bellezze finisce proprio qui: non hanno il compito né di parlare né tantomeno di presentare l'allegro programma serale.

La missione della donna nella televisione italiana è semplice e banale: deve essere bellissima e passionale. Gentili lettori, vi chiedete se servono talento e cervello? Sono secondari. La cosa più importante è che sappia muovere il culo e sorridere alla telecamera in modo un po' giocherellone, *sexy* e provocante, per comunicare inequivocabilmente allo spettatore maschio: «Prendimi!».

Ricordate ancora *Michelle Hunziker* quando faceva l'assistente di *Thomas Gottschalk* a «*Wetten, dass …?*»? Anche in Italia *Michelle* è molto amata, però non perché è brava, ma perché corre sempre come un turbine e salta come una pallina rimbalzante sul palco, portando vestiti eleganti e aderenti. Per di più, fa delle boccacce e dei movimenti che nella TV tedesca, in poco tempo, le farebbero con buona probabilità perdere il posto di lavoro.

Se invece si cambia canale perché magari ci si vuole aggiornare un po' sulla politica, vale anche qui il motto: all'attacco! Mentre i *talk show* tedeschi si presentano tipicamente come degli incontri soporiferi, in Italia si fa sul serio. In queste occasioni, capita che venga democraticamente coinvolto nel discorso politico anche il popolino, direttamente in collegamento dalle strade e dalla famosa «piazza».

Così, succede che i partecipanti «si tirino i piatti in faccia» quando, per esempio, un povero pensionato (o disoccupato) di un quartiere degradato incontra l'immigrato africano disperato (o il mendicante rom) che non sa dove andare.

Ma anche i politici stessi «prendono mazzate» e non temono nessuna schermaglia. Possono volare velocemente parole come *folle, vigliacco, verme, idiota, buffone* o *sempliciotto,* prima che tutti quanti, alla fine, giungano alla stessa conclusione: «Ognuno deve prendersi la sua responsabilità!».

Per favore, tenete ben a mente questa frase: «Ognuno si deve assumere la propria responsabilità!».

Peccato, però, che nessuno si creda o si senta responsabile di nulla.

D'altra parte, per la salvezza del palinsesto, c'è da rilevare con tutta franchezza che esistono in alternativa degli *show* serali di una qualità senza dubbio altissima, nei quali meritatamente si festeggiano e si celebrano la musica e l'opera italiane così come l'arte e la cultura italiane in genere. E bisogna sottolineare che anche lo spettatore giovane si può entusiasmare per arie «pesanti», voci di soprani o capolavori della lirica.

Tuttavia, di solito, in questi spettacoli si rimane «tra italiani» e per gli artisti stranieri c'è tendenzialmente poco spazio. Beh, chiaro! La musica migliore viene comunque dall'Italia, come tutto il resto. Perché andare lontano, allora?

Il tema resta sempre musicale quando, puntuale per Natale, *Silvio Berlusconi* siede con due teneri bambini abbracciati accanto all'albero di Natale, nel ruolo di nonno affettuoso e premuroso, cantando davanti alla telecamera, con un sorriso smagliante, la versione italiana di «*O Tannenbaum*».

In poche parole: la TV italiana è quella che è, uno *spettacolo!*

26. CLIENTELISMO, LAVORO NERO ED EVASIONE FISCALE.
«Siamo tutti italiani»

Mi trovavo stupefatto davanti al Colosseo. No, questa volta non era l'antica e imponente arena a impressionarmi, ma le case lussuose dalle cui terrazze si gode di una vista meravigliosa sullo stadio dei gladiatori. Il mio amico Tino notò il mio visibile interesse per questi attici e mi bisbigliò: «Diventa politico!»

«Eh?», risposi io.

«Ma sì, quando fai politica in Italia, hai buone possibilità di avere una di quelle *baracche chic* a condizioni senz'altro favorevolissime. Alla fine, devi solo fare attenzione a non sapere per niente d'aver acquistato quella casa o com'è potuto succedere. E se a quel punto fai pure finta di essere completamente sorpreso e perplesso, va tutto bene!».

Anche se all'inizio non riuscivo a seguirlo del tutto, mi sembrava chiaro che, come al solito, si lamentava dei politici corrotti del suo paese che si arricchiscono alle spalle dei contribuenti, sono in combutta tra di loro e si dividono con appagamento e godimento le bustarelle, i vitalizi e gli appannaggi. Si scopre una schifezza dopo l'altra: evasione fiscale, clientelismo e corruzione. Secondo Tino, si dovrebbero cacciare tutti quanti via dal paese.

Entrando a metà mattinata in un caffè, vidi subito che gli animi erano ancora abbastanza riscaldati per le notizie del giorno prima:

«Sai, quando vedo cosa fanno i nostri onorevoli ogni giorno, mi chiedo sempre perché ho lavorato e pagato le tasse tutta la mia vita.»

«Beh, io mi chiedo piuttosto cosa fare per entrare nella loro casta di privilegiati. Vedi, quando rubi poco vai in galera, quando rubi tanto fai carriera!».

Sentendo questo discorso tra padre e figlio, mi sono domandato se si trattasse quindi di vera indignazione o di invidia e ammirazione.

La situazione è però interpretabile anche in un altro modo: i politici, gli «onorevoli», rappresentano la popolazione. Benché un italiano, dinanzi a quest'affermazione, non sappia se ridere o piangere, una cosa resta chiara e inequivocabile: un popolo ha la classe politica che si merita. In altre parole, anche i politici sono italiani!

E quando un importante parlamentare partecipa a un *talk show* e dichiara che alcuni imprenditori sono semplicemente costretti, per non chiudere le loro aziende, a evadere le tasse, senza che segua un grido di ribellione da parte degli spettatori presenti, a mio avviso, sono apparentemente tutti d'accordo.

Non stupisce, dunque, che anche l'italiano «medio», dopo un'analisi approfondita delle sue finanze e in armonia con il suo senso individuale della giustizia, giunga alla conclusione di aver adempiuto completamente i suoi obblighi fiscali di quest'anno.

Per dirla diversamente: perché il povero pensionato non dovrebbe fare qualche «lavoretto nero» esattamente come l'idraulico che dopo il lavoro fa la manutenzione del riscaldamento al suo amico, come l'estetista che offre servizi di *manicure* e *pedicure* a domicilio, come il medico che fuori orario riceve pazienti «esclusivi» nel suo studio, o proprio come lo statale di «alto livello» non colpevole per tutte le sue «attività parallele»?

Su questi temi interpellai nuovamente Tino che si espresse così:

«Certo! Clientelismo, lavoro nero ed evasione fiscale sono imprescindibili per il sistema. Senza la nostra economia sommersa, la nostra economia «emersa» sarebbe già morta da anni e noi italiani saremmo già saliti sulle barricate. Ecco perché i politici non la combattono!».

Da ingenuo tedesco, io aggiunsi che la faccenda restava comunque problematica …

«No, Markus!», rispose il mio amico. «È la nostra salvezza!».

In realtà, non è quindi un problema ma un'intesa sociale, una forma di tacito assenso. Pensai che fosse formidabile: il lavoro nero amato da tutti!

Allora, perché un italiano dovrebbe andare a protestare in strada contro il sistema, se grazie a questo può ancora permettersi una cena al ristorante il sabato sera? Perché dovrebbe denunciare il suo vicino se quello gli vernicia il muro di casa? Perché dovrebbe volere un cambiamento sostanziale?

«Se vogliamo che tutto rimanga così, bisogna che tutto cambi», dice *Tancredi* al *Principe di Salina* nel romanzo *Il Gattopardo* del 1958.

Ragionateci un po' su!

27. MANGIARE È «GUERRA».
Qualche particolarità sulla
cultura culinaria italiana

Ho cercato di entrare da tedesco nella giungla culinaria italiana. Cucinare italiano? No! Dal punto di vista di un italiano orgoglioso, non ci riuscirei mai. Piuttosto, mi sono reso conto che in alcune situazioni particolari serve un comportamento specifico. La regola più importante è: per principio, mangiare significa «guerra»!

L'esempio tipico di un «*Vietnam*» culinario mi si è presentato durante un *buffet* di antipasti a un matrimonio tradizionale. Appena si è alzata la «bandiera da guerra», nel senso che il rinfresco è stato dichiarato aperto, sono cominciate l'«invasione» e la «battaglia» per aggiudicarsi le squisitezze offerte.

Sprovveduto e inesperto, ho pensato che fosse opportuno lavarsi prima le mani. Questo mi è stato fatale. Quando sono tornato dal bagno, dopo non più di due minuti, ho dovuto purtroppo constatare che i «saccheggiatori» avevano già fatto piazza pulita, come una «piaga» di cavallette, lasciandomi soltanto un «campo di battaglia» devastato e vuoto. Il mio «bottino» si è limitato dunque a un pezzettino di pane e a qualche foglia di rucola. Cari lettori, da quell'avvenimento ho imparato e vi dico:

1. lavatevi per tempo le mani;
2. andate all'attacco, perché contano i minuti.

State però attenti perché sul «sentiero di guerra» per arrivare alle tartine, ai bocconcini e agli stuzzichini, a volte volano gomitate. In fondo, le «milizie» hanno fame e, benché si sappia che si mangerà in continuazione per tutta la giornata, vale il motto: non cedere nulla al «nemico»!

Durante la degustazione che seguirà a tavola, dovrete poi essere in grado di partecipare adeguatamente alla conversazione, perché un italiano che a un matrimonio non trova nulla da criticare sul cibo, da un lato non si sente a proprio agio e dall'altro non rende giustizia alla sua reputazione di buongustaio ed esperto in materia.

Infine, non preoccupatevi se avrete mangiato, come tutti gli altri, solo metà della porzione. Primo, potrete intanto affermare d'aver vinto la «guerra»; secondo, un vero *gourmet*, per proteggere le sue papille gustative, non svuoterebbe mai tutto il piatto; terzo, è tutto *gratis.*

Osservando, invece, la cultura culinaria non in un evento festivo ma in un contesto familiare e amichevole, con un'attenta analisi si scopre un ulteriore aspetto.

In queste circostanze, la critica diretta alla pietanza servita è severamente vietata. Questo mi è stato chiaro fin da subito: dando il mio giudizio sempre richiesto, potevo scegliere al massimo fra gli aggettivi *buono, buonissimo* e *ottimo.* Tutto ciò se non volevo, essendo straniero e di conseguenza ignorante, prendere un «cartellino rosso» per mancanza di rispetto e sfacciataggine. In questo senso, un complimento titubante per uno zabaione, visibilmente riuscito male anche secondo un incompetente, equivale a una netta «dichiarazione di guerra».

Diversamente da quanto avviene durante i matrimoni, è da considerarsi atto bellicoso anche non svuotare bene il piatto a tavola, soprattutto in presenza della cuoca.

Guardando bene, però, c'è un'assurdità che fino ad oggi mi sbalordisce sempre. Gli italiani hanno i vini migliori, il cibo più fantastico e sanno inoltre godersi alla grande le loro delizie. Ma perché, porca miseria, consumano le loro opere d'arte culinarie e le loro bevande pregiate con forchette, piatti e bicchieri di plastica? C'entra come i cavoli a merenda!

E per di più: gli italiani sanno, per caso, quante tonnellate di rifiuti producono così ogni volta? Forse lo sanno, ma sembra che se ne freghino.

Questo comportamento, che un ecologista potrebbe intendere come un atto marziale contro l'ambiente, un italiano lo giustifica in diversi modi.

Primo: sembra assurdo mangiare in costosi piatti di porcellana e bere da preziosi bicchieri di cristallo, se il cibo offerto eclisserà in ogni caso tutto il resto. A che cosa serve, allora, un'inutile decorazione?

Secondo: un italiano probabilmente sa che i suoi rifiuti di plastica finiranno comunque seppelliti accanto a moltissime tonnellate di scorie tossiche in una qualsiasi buca. Che senso ha, a questo punto, essere degli ecologisti?

Terzo: lavare i piatti deve essere veloce e non complicato. Questo è comprensibile sia perché una cena italiana è spesso costituita da diverse portate sia perché il numero dei partecipanti al «banchetto luculliano» di solito supera nettamente la media degli invitati a un pranzo tedesco.

Per terminare, il focalizzarsi degli occhi di tutti, soprattutto all'inizio, sull'«elemento estraneo» – quindi, gentile pubblico, su di voi o su di me –, lo potrete interpretare come una sorta di «guerra psicologica».

Buon appetito!

28. OTTIMISMO IRREFRENABILE E MISERIA TOTALE.
L'italiano e i suoi estremi

Sugli ottimisti *Theodor Fontane* scrisse: «L'ottimista è una persona che ordina una dozzina di ostriche nella speranza di poterle pagare con la perla che troverà in una di loro».

Questa citazione spiega benissimo come mai l'italiano sia veramente capace di credere con convinzione che giusto lui troverà il famoso ago nel pagliaio, che potrà essere solo lui il prossimo vincitore dell'Enalotto e che fare un passo indietro dopo averne fatto uno in avanti non è un disastro ma un *cha cha cha*.

Per un ottimista del «Bel Paese», quindi, uno più uno non fa due ma undici, a parte il fatto che, in ogni caso, «il genio» risiede solo in lui.

Problemi? Come dice sempre il mio parrucchiere Sergio: «I problemi non esistono: o si tratta di una condizione non migliorabile e irrisolvibile, e a quel punto non è un problema ma una realtà inevitabile, o si tratta di una situazione risolvibile e allora non è comunque un problema».

Sugli italiani si racconta continuamente che sono persone positivissime, piene di speranza e di gioia di vivere. Di sicuro questo non è del tutto sbagliato e lo strumento che li aiuta a mantenere questa concezione della vita è uno: il sogno.

«Che sogno …!», si sente spesso dire da un italiano con grande entusiasmo. Ed è assolutamente possibile che in quel momento si immagini a sfrecciare all'impazzata con una costosa *Ducati* nelle strade della sua piccola città, mentre i compaesani lo acclamano, anche se in realtà dovrebbe preoccuparsi di come pagare la prossima rata della *Fiat Panda* che ha appena ridotto a pezzi.

E pertanto, c'è il rovescio della medaglia. Quando gli italiani si svegliano dal loro sogno, scendendo dall'alto della loro felicità illusoria nella cruda realtà, può succedere che proclamino velocemente la «fine del mondo» o che credano di trovarsi proprio in marcia verso l'inferno. In questo caso, la tragedia prende il suo corso drammatico e ancora una volta si finisce in uno stato psicologico d'emergenza.

Può accadere, perciò, che un italiano si ritrovi steso sul divano singhiozzando, piagnucolando e in preda a iperventilazione, solo perché ha perso la carta di credito. Certo, una cosa fastidiosa, ma sicuramente non la fine del mondo!

Inoltre, è altrettanto probabile che, a causa di una temporanea mancanza di liquidità, si creda vicino al baratro finanziario senza considerare che, di fatto, possiede quattro case di proprietà che però, intelligentemente, non ha affittato.

Come logica conseguenza, ogni cittadino dello «Stivale» afferma, per principio, di avere la vita più difficile, di aver beccato il destino più pesante, in altre parole di essere il più grande scalognato, disgraziato e sfigato. Le seguenti frasi possono essere dei segnali d'allarme: «Tutto a me!», «Sono stanco, non ce la faccio più!» o «Non mi sento bene!».

Gli abitanti della Penisola hanno dunque bisogno di «montagne russe» emozionali sulle quali alternare momenti di esaltazione a fasi depresse: tutto o niente, «pasta in bianco o cannelloni».

Provo a spiegare il concetto secondo la logica tedesca: dire a un «Paolo» che fa parte della «classe media» non è una lusinga ma significa più o meno pronunciare la sua condanna a morte. L'espressione «benvenuto nella realtà» è ancora più pericolosa, perché potrebbe essere intesa come «attentato» alla sua vita o come «fallimento» individuale.

Per questo, cari lettori, non pronunciate mai la parola *normale*, perché essere «normale» significa sparire nell'insieme variopinto della società italiana. E ciò non sarebbe solo fatale, sarebbe una «pugnalata alle spalle sociale».

Un poeta una volta disse, all'incirca, che i suoi connazionali traballano in una «doccia scozzese» degli estremi, tra illusione e disincanto, freddo e caldo, sogno e realtà, cordialità e indifferenza, sensibilità e freddezza:

«Mio carissimo amico tedesco, vuoi una seconda porzione di questo squisito minestrone? No? Come! Non ti piace?!? Allora, vai a farti benedire!».

29. UNA GIORNATA
DEL TUTTO «NORMALE»

Da qualche parte sull'Autostrada del Sole tra Milano e Napoli.
Alla radio c'è *Enrique Iglesias:* «Bailandoooo ...».
Luca accarezza felice la gamba della sua amata Francesca.
«Che bello! Guarda il tempo, amore mio! Bellissimo, no?»
«Meraviglioso, tesoro! Ti amo, lo sai?»
«Anch'io ti amo, Francesca!».
I due si scambiano sguardi d'amore.
Non c'è nulla di più bello: finire di lavorare, chiudere casa e lasciare tutto dietro di sé per qualche settimana.
A proposito di «chiudere» ...
«Luca, hai chiuso bene la finestra piccola del bagno?»
«No! Volevi farlo tu mentre io chiudevo l'acqua e il gas, no?».
La faccia di Francesca cambia espressione in modo inquietante.
«Oddio, ti avevo detto di farlo tu! Devo sempre pensare io a tutto, devo fare tutto io!», reclama seccata.
Luca cerca di calmare le acque:
«Va beh, non ti arrabbiare per questa sciocchezza. È impossibile che qualcuno riesca a entrare da quella piccola finestra. Dai, su! Bailandooooo...».
Ma è troppo tardi. Francesca affonda adagio nel sedile sbuffando rumorosamente a intervalli sempre più ravvicinati. L'atmosfera in auto rischia di capovolgersi.
«Ma cos'hai adesso, amore!», chiede Luca non riuscendo a capire tutto questo nervosismo.

«Sono così sola! Devo fare tutto io!», sussurra Francesca con una voce debole e davvero sofferente.

«Che cazzo dici?!?», risponde energicamente il fidanzato. «Stiamo andando in vacanza, dobbiamo iniziare subito con una discussione inutile?»

«Sì, tu come al solito pensi solo alle tue vacanze. Tipico! A me non pensi! E soprattutto non gridare così, chiaro?».

Ora Luca, per trattenersi, stringe sempre più forte il volante. Sembra che alla radio «Bailando» di *Enrique Iglesias* sia stata sostituita da «November Rain» dei *Guns N' Roses.*

«Francesca, possiamo smetterla con queste stronzate per favore? È ridicolo!», si lamenta il milanese intanto un po' arrabbiato.

«Ah, *stronzate* le chiami? Ridicolo? Bene, come mi prendi sul serio!», Francesca non riesce più a frenarsi.

«Mi vuoi provocare, Francesca?», Luca inizia a strillare.

«Non gridare, ti ho detto!», urla pure la grintosa brunetta.

«Sì, adesso grido, eccome! Perché dobbiamo litigare per queste maledette stupidaggini? Porca miseria ... se vuoi giro e torniamo a casa!».

Arrivati a questo punto, Francesca sferra la sua arma migliore: «Non mi ami più! Forse dovremmo lasciarci!».

Luca, che con ogni parola in più può soltanto peggiorare la situazione, fa l'unica cosa sensata: si ferma nella prima area di servizio. Mentre sta ancora girando la chiave nel cruscotto, la fidanzata sbotta:

«Non mi aspettare, viene a prendermi mia sorella!».

La portiera dell'automobile si chiude in modo violento e poco dopo Francesca scompare nell'Autogrill. Il povero Luca, consapevole di come vanno di solito queste cose, ovviamente corre dietro alla sua ragazza.

Non è dato sapere che cosa accade nei minuti successivi all'interno dell'area di ristoro. È però sicuro che i due attaccabrighe, dopo circa mezz'ora, escono come una giovane coppia innamoratissima, tenendosi per mano, e salgono in macchina come se non fosse successo nulla.

A questo punto, le ipotesi sono tre:

1. Francesca aveva semplicemente fame ed era quindi nervosa e di cattivo umore;
2. Luca si è inginocchiato come un cane davanti a tutti chiarendo che lei è l'unica donna della sua vita;
3. la sorella di Francesca non poteva venire a prenderla.

Comunque sia ... Luca accende il motore e il viaggio in direzione Sud continua.

Adesso, alla radio c'è «*Ti amo*» di *Umberto Tozzi*.

«Ti amo, Luca!»

«Anch'io ti amo, Francesca! E ti garantisco che passeremo le vacanze più belle della nostra vita».

A proposito di «garantire» ...

30. MERIDIONALITÀ.
Perorare la causa di una filosofia
di vita alternativa

Mi chiedo sempre: perché i tedeschi vanno con piacere in Italia per le vacanze? Ci vanno per il buon cibo? Per il caldo, il sole e il bel tempo? Per le belle donne e i *machi*? O forse per la voglia di sperimentare un po' della *dolce vita* accanto alla realtà lavorativa così amara, triste e dura?

Ecco la mia teoria: ogni tedesco vorrebbe in fondo essere un po' italiano, anche se forse non tutti lo ammettono volentieri. Ognuno di noi desidererebbe prendere la vita in modo più leggero, avere un'esistenza un attimo più sregolata e godersi un po' lo stile di vita mediterraneo.

Recentemente, ho bevuto qualcosa con mio cognato Livio, che a lingua sciolta mi ha detto:

«Voi tedeschi siete davvero sciocchi! Non vi siete resi conto di avere sempre meno tempo a disposizione malgrado oggi vada tutto più velocemente? Perché faticate ogni giorno così tanto per riconoscere comunque la sera di non essere riusciti a fare tutto?».

Gli ho risposto bruscamente: «Sai cosa replicherebbe adesso un tedesco diligente, assiduo e laborioso? Ovvio! Che un'osservazione del genere può venire solo da un pigro italiano e che per questo italiano deve pure pagare l'Unione Europea!».

Mentre ascoltava le mie parole, Livio ha scosso solo la testa, si è messo comodo nella sua poltrona, ha respirato profondamente e ha sorseggiato la sua *Piña Colada* per dopo chiarire:

«Markus, anche noi lavoriamo duro ogni giorno. Ma viviamo lo stesso più lentamente!»

«E che vuol dire vivere più lentamente?», gli ho chiesto.

«Beh, vivere lentamente significa, per esempio, fermarsi in spiaggia, su una scogliera o su una collina per una pausa. Vivere lentamente significa seguire il vento con la barca a vela e raggiungere la meta navigando non dritto ma facendo un ampio *zigzag*. Vivere lentamente vuol dire anche riempirsi la giornata con un tramonto e un panino con l'olio d'oliva, essendo ciò nonostante felice. Vuol dire avere un armadio immenso pieno di sogni e filosofeggiare su tutto e tutti, senza pensare al domani o alla montagna di documenti in ufficio».

Ecco, credo che sia esattamente questo, tornando alla mia domanda iniziale. Noi tedeschi andiamo nello «Stivale» soprattutto perché lo stile di vita italiano ci fa dimenticare il lavoro, lo *stress* e il profitto, in pratica la nostra quotidianità tedesca. Per di più, invidiamo gli italiani perché, evidentemente, riescono meglio a mettere al centro della loro vita i lati piacevoli e la spensieratezza, posticipando la risoluzione dei problemi, le difficoltà e gli obblighi.

Non illudetevi, però, cari lettori. *La dolce vita* in un paese che offre un clima caldo, *glamour*, splendore, erotismo, frivolezza, ricchezza, lusso e anche *nightclub* esclusivi e caffè all'aperto, non esiste più da anni, almeno per la maggior parte della popolazione.

In ogni caso, vi chiedo molto seriamente: come può un italiano, partendo da una filosofia meridionale e preferendo una vita lenta, godereccia e carica di emozioni, essere allo stesso tempo efficiente economicamente?

Giriamo la frittata.

Gentili tedeschi, vi confrontate tutti i giorni con gli ideali economici dell'Europa occidentale e con un'etica lavorativa tradizionale. Con tutto ciò, se fosse possibile, sicuramente non rinuncereste alla possibilità di avere contemporaneamente una vita lenta come la spiega Livio. O non è così?

Vi accorgete di qualcosa? Lavorare per vivere – vivere per lavorare … Le due cose non vanno bene insieme.

Chi ha ragione, allora? L'ozioso Livio o il «*robot*» tedesco? A questa domanda ognuno deve rispondere per se stesso.

Se però volete diventare italiani, tenete presente di dover abbandonare un minimo le vostre virtù tedesche. Non vi preoccupate, sarà l'Italia stessa ad aiutarvi. L'atmosfera mediterranea induce anche la persona più precisa, accurata e fissata sul rendimento a vedere, con il tempo, tutto quanto in modo più tranquillo, comodo e disinvolto. Già la calda aria marina, la luce gialla dei lampioni e il calore infuocato all'ora di pranzo bastano per portare automaticamente alla convinzione di potersi solo abbandonare al sensuale e voluttuoso «*dolce far niente*». Alla fine, si tratta di un atteggiamento psicologico. Si diventa più umani e più aperti.

Al contempo, mettete a preventivo una riduzione delle vostre capacità di ragionamento razionale, di calcolo preciso e di riflessione logica. Da soli, piano piano, diventerete più lenti … Pazienza!

A proposito: quella sera sono stato a lungo con Livio e sono tornato a casa alle tre, anche se avevo un appuntamento di lavoro importante alle nove di mattina. A conti fatti, non è stato un problema: la persona con cui dovevo parlare è arrivata alle undici.

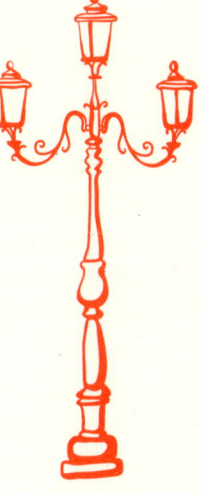

Bene, devo fermarmi qui perché s... state chiedendo dov'è Athos? Si è... spera che nessuno lo trovi.
Cari amici dell'Italia, potete pens... vete prendere il «Bel Paese» così c... strano e opaco, a volte però unico, ... Imparate ad amare l'Italia. Io ci sono riuscito.

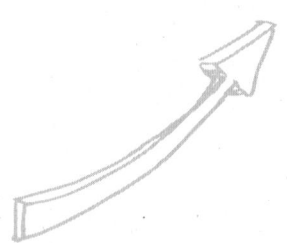